JN079431

TORIDE de Knitの読む編みもの教室

はじめてでも編める

かぎ針編みの
教科書

TORIDE de Knit
イデガミ アイ

「かぎ針編みをやってみたいけど、
どうやって始めていいかわからない」
「編み物本を買ってみたけど、
記号や編み図が複雑に思えて挫折した」——

この本は、1ページずつ順を追って手を動かしていけば、
読み終えたときには「編めた！」と
実感してもらえるつくりになっています。

はじめの頃は分からなかった記号や編み図も、
手を動かしているとスッと理解できるようになるもの。

つまずきがちなポイントや、
ちょっぴり複雑な作品の流れは
動画でも確認できますので参考にしてみてください。

みなさんの歩みを想像しながら、
隣で教えているときのような気持ちで制作したので、
この本がみなさんにとっての「読む編み物教室」となり、
TORIDE de Knitを身近に感じていただければ嬉しいです。

きっと、すべて読み終えたとき、
編めるようになっている自分の進歩に驚き、
同時に編み物の楽しさを実感する皆さんがそこにいるはずです。

肩の力を抜いて、
まずは手を動かすことを楽しんでください。
編み物の世界へ、いってらっしゃい！

TORIDE de Knit
イデガミ アイ

2

CONTENTS

この本はページ順に写真を見ながら編んでいくことで
ステップアップできるようになっています。
episode.0を読んで、必要な道具や糸を揃えたら、
ぜひepisode.1から順に編んでみてください。

QRコードを読み込むと、動画が見られます
ページ内にあるQRコードをスマートフォンのカメラ
やQRコードリーダーアプリなどで読み取ることで、
編み方の説明を動画で見ることができます。

episode 0 | かぎ針編みを始める前に …… 6

かぎ針編みって何？ …… 7

かぎ針編みの"超"基本用語 …… 7

この本で使うかぎ針 …… 8

その他の道具 …… 8

糸について …… 9

episode 1 | かぎ針を持って
鎖編みをしてみよう …… 10

鎖編み …… 13

イデガミ アイが答えます　編み物質問箱 …… 110

INDEX　テクニック索引 …… 111

episode

2

小さなモチーフを編んでみよう …… 17

Step1　細編み …… 18
　　　細編みの正方形

Step2　長編み …… 27
　　　長編みの正方形

ここまできたら覚えておきたい　かぎ針編みの基礎知識 …… 36
編み目の構造と目・段の数え方 … 37／編み目記号 … 37／編み図 … 38／
かぎ針編み共通のトラブルシューティング（新しい糸に替える・
糸玉から結び目が出てきたら・編み途中で休む時は）… 40

Step3　増し目と減らし目 …… 42
　A 増し目で作る細編みの台形（細編み2目編み入れる）…… 42
　B 減らし目で作る細編みの三角形（細編み2目一度・細編み3目一度）…… 46
　C 増し目で作る長編みの三角形（長編み2目編み入れる）…… 52
　かがりはぎをやってみよう …… 55
　D 輪の作り目で編む細編みの円（細編み2目編み入れる）…… 58
　E 鎖を輪にした作り目で編む四角形 …… 66

Step4　ガーランドに仕上げる …… 72

episode

3

使えるものを作ろう …… 75

鎖編みのブレスレット …… 76

マグラグ …… 80

スマホショルダーポーチ …… 86

ピンクッション …… 94

バスケット …… 100

三角ショール …… 106

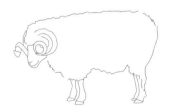

かぎ針編みを
始める前に

「かぎ針編みって何だろう？」
「どんな道具、どんな材料を用意すればいいのかな？」。
そんな"きほんのき"をまとめました。
まずはここから、準備を始めましょう。

かぎ針編みって何？

編み物には大きく分けて2つの技法があり、棒針を使うものを「棒針編み」、かぎ針を使うものを「かぎ針編み」といいます。どちらも糸と針を使って編むのは同じですが、編み上がりの風合いやデザインが変わります。

かぎ針は、先端がかぎ状になった針のことで、かぎ針1本を使って編みます。えんぴつほどのサイズで持ち運びに便利です。

棒針編みに比べるとややかためで厚みのある仕上がりになるため、コースターやバッグなどの小物によく使われる技法です。また、立体を作るのに向いているため、編みぐるみにも使われます。

かぎ針編みの編み地　　　棒針編みの編み地

かぎ針編みの"超"基本用語

編み方のページで出てくる、いちばん基本的な言葉です。まずはこれだけ覚えておきましょう。

段　目を端から端まで編んだものが段

目　糸を編んだ時にできる編み目の最小単位

編み地　糸を編んで作った布状のもの

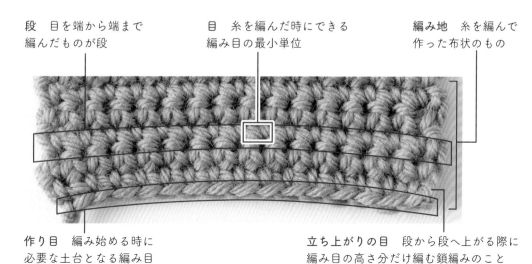

作り目　編み始める時に必要な土台となる編み目

立ち上がりの目　段から段へ上がる際に編み目の高さ分だけ編む鎖編みのこと

この本で使うかぎ針

太さによって号数という番号がふられていて、かぎ針本体に表記されています。号数は2/0号から10/0号までで数字が大きくなるほど太くなり、それよりも太いものはミリ単位で表記されます。この本で使うのは以下の5種類です。作るものに合わせて用意しましょう。

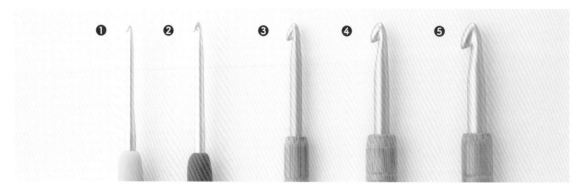

❶ 2/0号（2.0mm）
　P.76 鎖編みのブレスレット

❷ 5/0号（3.0mm）
　P.86 スマホショルダーポーチ
　P.94 ピンクッション（土台部分）

❸ 7/0号（4.0mm）
　P.17〜74 Episode.2
　（小さなモチーフ〈ガーランド〉）

❹ 8/0号（5.0mm）
　P.100 バスケット
　P.106 三角ショール

❺ 10/0号（6.0mm）
　P.80 マグラグ
　P.94 ピンクッション（クッション部分）
　P.100 バスケット（折り返し部分）

かぎ針の素材は、金属やプラスチック、竹製などいろいろ。片側にかぎがついた「片かぎ針」、両側に違う号数のかぎがついた「両かぎ針」もあります。グリップのついたものは持ちやすく、疲れにくいのではじめてさんにもオススメですが、自分の好きなものを選んでかまいません。

その他の道具

かぎ針のほかにこの本で使う道具です。糸切りばさみ以外は、作品によっては使わない場合もありますが、揃えておくと便利です。

とじ針

布を縫う縫い針に似ていますが、編み物用に先が丸くなっていて作品を仕上げる時に使用します。穴の大きさや太さが違うので糸の太さに合わせて選びます。この本ではNo.12、13、15を使いました。

糸切りばさみ

毛糸をカットする時に使います。先端が鋭い手芸用のものが便利です。

定規・メジャー

作品のサイズを測る時に使いますが、この本では作品のサイズはあまり気にせず、どんどん編んでいきましょう。一部、糸端の寸法の指示がありますが、だいたいの長さでOKです。

目数・段数マーカー

編み目に引っかけて、目印にする道具です。この本では拾う目がわかりにくい時に使っていますが、段数や目数を数える時に使うと便利です。

糸について

かぎ針で編むことができる糸は、毛糸のほか、コットン（綿）やリネン（麻）の糸、パルプや和紙を加工した糸などさまざま。形状も俵型やドーナツ状に巻かれている玉巻、芯に巻いてあるコーン巻、カセ（巻いた糸を束にした状態）などがあります。

毛糸は糸を撚ってできていますが、同じ糸を撚り合わせて1本の毛糸にしてあるストレートヤーンのほか、加工してさまざまな形状変化があるファンシーヤーンなどもあります。はじめて編み物をする人は、編みやすいストレートヤーンがおすすめです。

太さも様々な種類があり、細すぎる糸や太すぎる糸は、最初は編みにくく感じるかもしれません。この本では、はじめての編み物にオススメの糸を使っているので、編み心地を確かめながら編んでみてください。

この本で使う糸

基本の編み方は①の糸で練習しましょう。②～⑦は作りたい作品によって揃えてください。同じ糸の色違いを使ってもOK！ 気分が高まる色で編んでください。まったく違う糸を使いたい場合は同じくらいの太さの糸を選びましょう。できあがりの雰囲気やサイズは変わるかもしれませんが、自分が気に入ればなんでもOKです。

①パピー「クイーンアニー」
P.17～74 Episode.2（小さなモチーフ〈ガーランド〉）

②Knittingbird「あたかも」
P.76 鎖編みのブレスレット

③ハマナカ「アメリー エル〈極太〉」
P.80 マグラグ
P.94 ピンクッション（クッション部分）

④ハマナカ「ウォッシュコットン〈クロッシェ〉」
P.86 スマホショルダーポーチ

⑤DARUMA「SASAWASHI」
P.94 ピンクッション（土台部分）

⑥sawada itto「Puny」
P.100 バスケット

⑦パピー「NEW4PLY」
P.106 三角ショール

ラベルの見方

糸にはラベルがついていて、使用する針の目安や手入れ法などが表示されています。

①色番とロット
色名がついているものや英数字で示されているものなどがあります。ロットが違うと微妙に色が異なることがあるので、たくさん使用する場合は同じロットのものを選びましょう。

②糸の名称

③糸の素材や品質

④糸玉1個の重さと長さ
同じ重さで比べると、糸長が長いほうが糸は細くなります。糸の太さを表すのに「中細」「並太」などの表記がありますが、メーカーによって差があるため、重さと長さで比較することをオススメします。

⑤参考使用針
適した針の目安です。編む人の手加減や作品によって、使う針のサイズは自由に変えてOKです。

⑥標準ゲージ
標準ゲージには、10cm角の面積に入る標準的な目数と段数が記載されています。

⑦糸端の位置
糸端がどこにあるか明記されているものもあります。

9

episode

1

___

かぎ針を持って
鎖編みをしてみよう

まずはかぎ針と毛糸を手に持って、
「鎖編み」をマスターしましょう。
ここがかぎ針編みのすべての基本となります。

■ 糸端を出します

糸玉の中心と外側に糸端がありますが、編む時は中心の糸端を使いましょう。
外側の糸端でも編めますが、糸玉が転がって編みにくくなります。

糸をやさしく引きながら糸端がないか探します。
無理に引くとからまるのでゆっくり慎重に。

中心の糸端がラベルにはさまれていることもあります。

内側に芯があるものは芯を取り除いてから、糸端を探します。

芯を引っぱり出せない時は、糸玉ごとつぶして芯を折りたたんでから取り除いてみてください。

毛糸のかたまりが出てきてしまったら

糸端を探す際、糸が引っかかって内側からかたまりになって出てくることも……。まずはやさしく糸を引いて糸端を探します。糸のかたまりはそのままだとからまりやすいので、指に8の字を作るように巻いておくと使い勝手がよくなります。

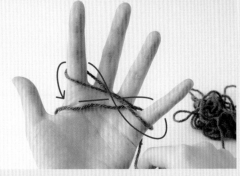

1 糸端は手の甲側に垂らし、糸玉側の糸を、人さし指と小指に8の字を描くように巻きます。

2 写真のように巻けたら、中央の交差している部分を持って指から外します。

■ 糸を手にかけます

左手（左利きの人は右手）に糸をかけましょう。編みやすいと感じる持ち方は人それぞれ……。
自分に合った持ち方を見つけるために、まずは真似をすることから始めましょう。

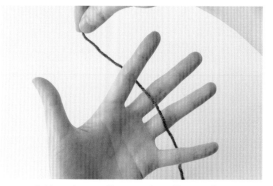

1 糸端を右手で持ち、小指の後ろ→薬指・中指の前→人さし指の後ろを通します。

2 人さし指にかけて手のひら側に落とします。

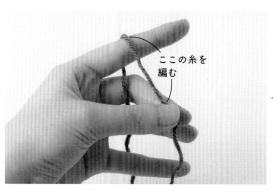

ここの糸を
編む

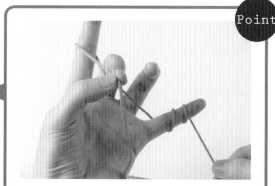

Point

3 手のひら側にきた糸端を中指と親指で持ちます。人さし指は曲げずに、かけた糸がほどよく張るようにまっすぐ伸ばします。糸の張り具合（テンション）を保てると編みやすくなります。

すべりやすい糸や細い糸などの場合、小指に巻くとテンションがかかりやすくなります。1回で足りない時は2重に巻くこともあります。

■ かぎ針を持ちます

さぁ、かぎ針を持ってみましょう。ここでも基本の持ち方を真似することから始めましょう。

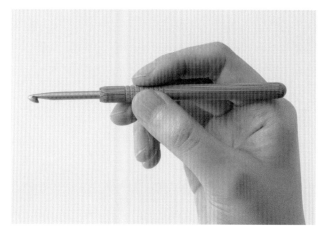

右手（左利きの人は左手）の親指、人さし指、中指を使い、鉛筆を持つように持ちます。針先のフックの向きは、編みながら下向きにしたり横を向かせたりと動かしますので、力を入れず、軽く持ちましょう。

※この本では右利き用の解説をしています。左利きの方は、すべての解説を頭の中で左右反転させて読み進んでください。

鎖編み

 動画でも check

鎖編みは編み目が連なると鎖のように見える、かぎ針編みの基本となる編み方です。鎖編みだけでも作品として使うことができるほか、レースのような模様を作り出したり、他の編み方のつなぎ役や土台になったりと大活躍する編み方です。

■ 編み始めの輪を作ります

はじめに、鎖編みを編むための輪を作ります。

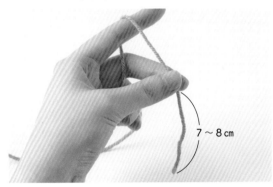

1 糸を手にかけて持ちます（12ページ参照）。糸端は7～8cmくらい残しておきましょう（残す糸の長さは目安なので、慣れてきたら自由に変えてOKです）。

7～8cm

2 かぎ針を糸の向こう側に入れ、針先を手前に押し当てます。

3 針先を下に向け、矢印の方向に回転させて糸を巻きつけます。

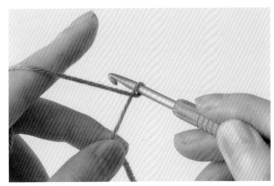

4 糸のループ（輪）がかぎ針に引っかかった状態になります。ループはかぎ針の太さより少し大きめに余裕を持たせます。

13

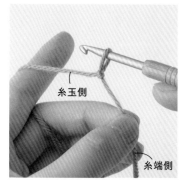

糸玉側

糸端側

5　交差した部分を指で押さ
　　え、針先を糸の手前側に
　　置き、下からすくい上げ
　　るように回して糸をかけ
　　ます。

6　針先のフックに糸を引っ
　　かけながら矢印の方向に
　　かぎ針を引き、ループの
　　中からかけた糸を引き出
　　しします。

7　糸端を引いて結び目を作
　　り、糸玉側を引いて針の
　　太さに合わせてループを
　　引き締めます。

■ 鎖編みをしてみましょう

ここからが鎖編みです。繰り返し編んで練習しましょう。

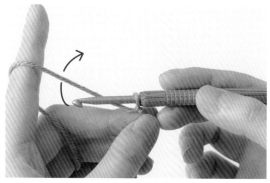

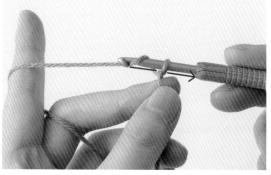

8　かぎ針に近い糸端を左手の親指と中指で押
　　さえて持ち、5と同じようにして糸をかけ
　　ます。今後、糸をかける時は同じやり方をし
　　ます。

9　針先のフックに糸を引っかけながら矢印の
　　方向にかぎ針を引きます。

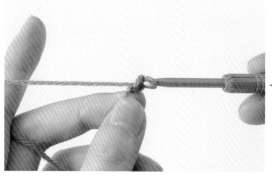

10　かけた糸をループの中から引き出します。

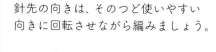

Point

針先の向きは、そのつど使いやすい
向きに回転させながら編みましょう。

糸を引っかける時
は横向きか、やや
下向きにすると
引っかけやすいで
す。

ループの中をくぐ
らせるときは、下
向きにするとルー
プに引っかかりに
くくなります。

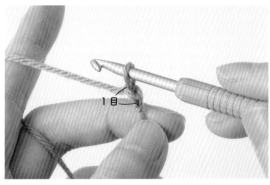

1目

11 鎖編みが1目編めたところです。かぎ針にかかったループの下にできた目を1目と数えます。

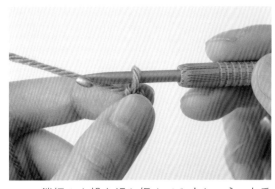

12 鎖編みを繰り返し編んでみましょう。左手の親指と中指は、かぎ針の近くの目を持ち直すとループが安定するため編みやすくなります。

10目

13 10目編めたところです。なるべく均一な編み目になるように練習しましょう。

左手の糸の持ち方、右手の針の動かし方は、かぎ針編みのベースとなります。手が慣れれば次の編み方もスムーズに覚えられるはず！ここでしっかり練習しましょう。

Point

○ **OK**

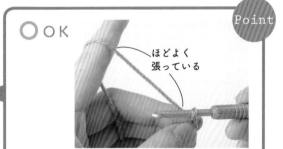

ほどよく張っている

✕ **NG**

人さし指が曲がり、ゆるんでいる

左手の人さし指にかかった糸の張り具合（テンション）がゆるいとうまく編めません。他の編み方でも同じなので、ここでしっかりマスターしておきましょう。

鎖編みの構造

鎖編みには表と裏があり、表から見ると鎖のような見た目で、裏には「裏山」が出るのが特徴です。

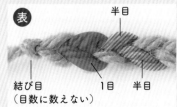

表　半目　結び目（目数に数えない）　1目　半目

鎖1つを1目と数えます。1目の片側1本の糸を使う時は「半目」と呼び分けます。

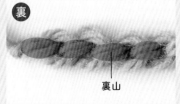

裏　裏山

鎖の中心にできる山のような糸を「裏山」と呼びます。

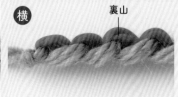

横　裏山

横から見ると裏山の糸がポコポコ出ているのがわかります。

\ check /

ほどいてみましょう

編んだものはほどいて何度でも編み直せます。鎖編みを少し編んだら、
糸がどのようにほどけていくのか試してみましょう。針を戻し入れて、
途中から編み始める練習もしてみましょう。

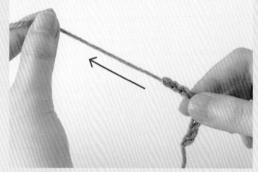

1 編みかけの鎖編みからかぎ針を外した
ら、毛糸玉につながる糸を引いてほどい
てみましょう。

2 途中からまた編む場合は糸を指にかける
前にかぎ針を戻します。

針にかかった
編み目の向き

動画でも
check

○ OK
糸を引いて、針
にかかった糸
が手前に流れ
れば○K。

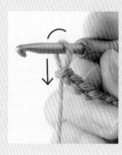

✕ NG
糸を引いたとき
に針の奥側に糸
が流れる場合
は、針をループ
に入れる向きが
反対です。

トラブルシューティング

**ループの中から糸が
引き出せないときは？**

慣れないうちは、針先のフックが引っかかってスムーズに編むことがで
きないかもしれません。そんな時は、かぎ針にかかったループの大きさ
に少し余裕を持たせると編みやすくなります。

糸を強く引きすぎたり、針先の細いところで
引いてしまうと、かぎ針の太さよりもループ
が小さくなり、針先に引っかけた糸がループ
の中から引き出せません。

かぎ針は針先よりも持ち手に近いほうが太く
なっています。針にかかったループが小さく
なったら、持ち手側に移動させて輪の大きさ
を調整するとよいでしょう。

episode

2

——

小さなモチーフを
編んでみよう

鎖編みをベースにして、四角や三角、丸などの
小さなモチーフを編んでみましょう。
超基本の編み方だけを練習しながら、
最後にはかわいいガーランドになります。

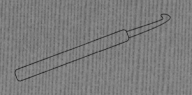

〔使用した毛糸〕パピー「クイーンアニー」 ※色はお好みのもの
〔使用したかぎ針〕7/0号
※ここでは、はじめてさんが編みやすいものを使用していますが、違う毛糸でもかまいません。
ストレートヤーンで同じくらいの太さのものを選びましょう。

Step 1

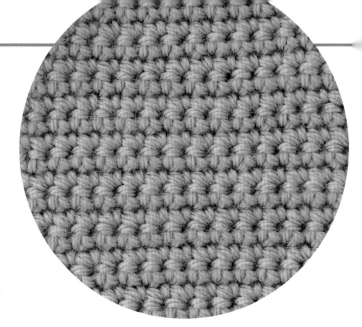

細編み

細編みはもっとも基本となる編み方のひとつで、他の編み方と比べてひとつの目が小さいため、隙間が少なくかための編み地になります。伸びにくく、重さも出る編み方のため、バッグや小物を作るのに向いています。

細編みの正方形

鎖編みの作り目を15目編み、同じ目数のまま真っすぐ編んで正方形を編みましょう。手加減によって編み目の大きさが変わるため、ここではサイズや段数は気にせず、だいたい正方形になればOKです。

用意するもの
［糸］パピー「クイーンアニー」
［針］かぎ針7/0号

■ 鎖編みの作り目を編みます

はじめに鎖編みで作り目を15目編みます（鎖編みの編み方は14ページ参照）。

1　編み始めの輪を作り（13ページ参照）、鎖編みを15目編みます。

2　鎖編みが15目編めたところです。この鎖編みは作り目として使い、正方形の土台（底辺）の部分になります。

■ 立ち上がりの鎖を編みます

段の始めに編む鎖編みを「立ち上がり」と言います。細編みの場合は鎖1目が立ち上がりの目となります。

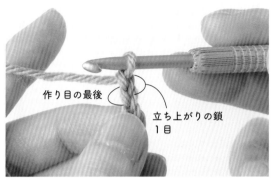

作り目の最後

立ち上がりの鎖
1目

3 鎖編みをもう1目編みます。

■ 裏山を拾って1段めを編みます

1段めは作り目の裏山を拾いながら細編みを編みます。

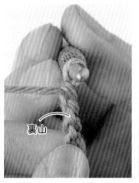

裏山

4 立ち上がりの鎖1目は飛ばし、その次の作り目の裏山に針を入れます。
※針を入れることを「拾う」とも言います。

5 糸をかけて、針を入れた裏山の中から引き出します。

6 引き出したところです。かぎ針に2本のループがかかります。

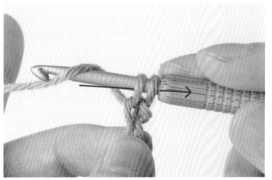

7 もう一度糸をかけ、2本のループの中から糸を一度に引き出します。

8 　2本のループの中を一度に引き抜いている
　　ところです。

9 　細編みが1目編めました。2目めも編んで
　　みましょう。

\ check /

鎖の拾い方3種類

鎖編みの作り目の拾い方は3種類あり、作品によって使い分けます。
この本では「裏山を拾う」を基本とします。

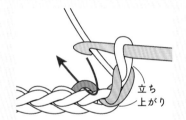 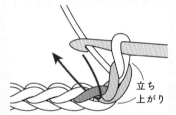 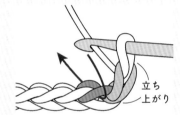

裏山を拾う
少し拾いにくいですが、鎖目
の形が残るので編み上がりが
きれいです。

半目を拾う
拾う位置がわかりやすいです
が、伸びやすく隙間が空きや
すくなります。両側から目を
拾う時などに向いています。

半目と裏山を拾う
拾いやすく、1段めの足元が
しっかりとします。半目だけ
を拾うより隙間が空きにくい
ため、目を飛ばして拾う模様
に向いています。

10 　作り目の次の裏山に針を入れます。

11 　糸をかけて、針を入れた裏山の中から引き
　　出します。

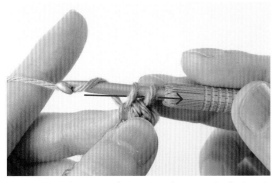

12　かぎ針には2本のループがかかります。もう一度糸をかけ、2本のループの中から一度に引き出します。

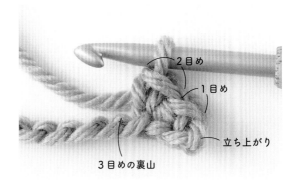

2目め
1目め
立ち上がり
3目めの裏山

13　2目めが編めました。同じように3目め以降も細編みを編んでみましょう。

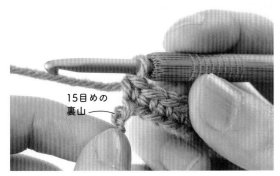

15目めの裏山

14　14目まで編めたところです。作り目の編み始めの輪を作った時にできた結び目は、編まずに残しておきます（15ページ、鎖編みの構造参照）。

15　これまでと同じように裏山を拾って細編みを編みます。

\ check /

細編みを編むと、1目1目の上部が鎖編みのように見えます。これを細編みの頭と呼びます。2段め以降は、この頭の鎖2本を拾いながら細編みを編みます。

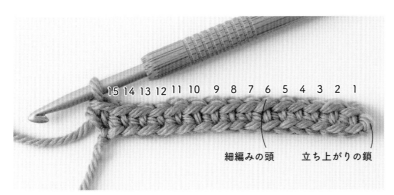

15 14 13 12 11 10 9 8 7 6 5 4 3 2 1

細編みの頭　立ち上がりの鎖

16　細編みが15目編めました（立ち上がりの鎖1目はカウントしません）。これが1段めです。

■ 編み地を返します

次の段に進むときは編み地を回して向きを変えます。

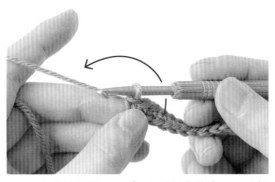

17　かぎ針は動かさず、かぎ針を基点にして編み地だけを反時計回りに回します。

18　先ほどまで見ていたほうが表、今度は裏を見て編むことになります。

■ 2段め以降を編みます

2段めからは、前段の頭の鎖2本を拾って編みます。拾い方が違うだけで細編みの編み方は同じです。

立ち上がりの1目

19　はじめに立ち上がりの鎖1目を編みます。

20　立ち上がりの鎖1目が編めました。

立ち上がりの鎖1目

21　前段の頭の鎖2本に針を入れます。矢印が1目めです。

22　頭の鎖2本に針を入れたところです（上から見ています）。これまでと同じように細編みを編みます。

23 １目編めたところです。２目めは矢印に針を入れて編みます。２段めの最後まで１目ずつ細編みを編んでみましょう。

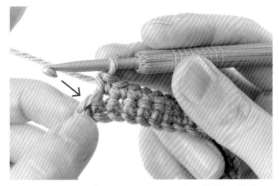

24 14目まで編んだところです。前段の最後の目は少し寝ているので、編み忘れに注意しましょう。

25 最後の目（15目め）も細編みを編みます。

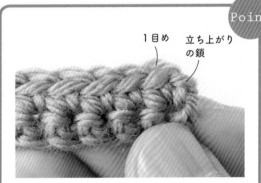

Point

１目め

立ち上がりの鎖

立ち上がりの鎖が細編みの頭のように見えることもあるので、最後の目を拾う際にはそれを拾わないように注意しましょう。見分けるのが難しく感じる場合は、15目数えながら編み、最後の目を観察して編み目に少しずつ慣れていきましょう。

26 ２段めが編めたところです。３段めからも同様に編み、正方形になるまで繰り返しましょう。

27 ここでは段数は気にせず、だいたい正方形になったところで終わります（写真は19段編みました）。

端の目がどこか分からない場合は
マーカーを使ってみましょう

1 　1目めを編んだら、頭の鎖2本にマーカーをつけます。これが次の段の最後の目です。

2 　次の段の最後の目はマーカーがついている部分に針を入れて編めばOK！

3 　最後の目が編めたところです。次の段の1目めもどこかわからない場合はマーカーを外して、今編んだ最後の目につけ替えます。

4 　最後の目の頭の鎖2本にマーカーをつけます。これが次の段の1目めです。

5 　立ち上がりの鎖を編んだら、マーカーがついている部分に針を入れて1目めを編みます。

6 　1目めが編めたところです。

■ 最後の目を止めて終わります

かぎ針編みの最後は基本的にこの方法で終わります。
残った糸端はここではそのままにしておき、後で始末します(73ページ参照)。

28 糸をかけ、ループの中から引き出します。

29 かぎ針を持ち上げてループを大きくし、高さ7〜8cmくらいになったらかぎ針を外します。

30 ループの中にはさみを入れてカットします。

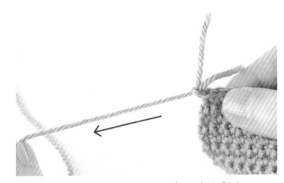

31 糸玉につながっている方の糸を引き、ループから抜きます。

32 こうすれば糸端を引いてもほどけません。糸端はこのまま残しておきましょう。

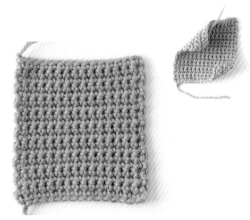

33 細編みの正方形ができました！
実際は右上の写真のように少し丸まります。

\ check /

ほどいてみましょう

編み目が気に入らなかったり、1目飛ばしてしまったりしたらほどいて編み直すことができます。編み目がどのようにほどけるか試してみましょう。

針を外して少し引くと、ループが2つになります。

編み直す際は、ループがひとつのところまでほどきましょう。

途中からまた編む場合はかぎ針をループに戻します。かぎ針をループに入れる向きは、糸を引いたときにループが手前側に流れれば〇Kです（16ページ、編み目の向き参照）。

トラブルシューティング

前の段の拾い忘れ

前段の目を飛ばしてしまうと、写真のように穴が開き、前段の頭が残っています。ここまでほどいて編み直しましょう。

前段の頭

端の目の拾い忘れ・立ち上がりの目を拾ってしまう

同じ目数を編んでいれば端のラインはまっすぐになるはず。段の最初の目を拾い忘れていたり、段の最後で前段の立ち上がりの目を拾ってしまったりして目の数が変わってしまうと写真のようにガタガタになってしまいます。端で拾う場所が分からない場合、24ページのようにマーカーを使って最初の目、最後の目を拾えるように練習しましょう。

Step 2

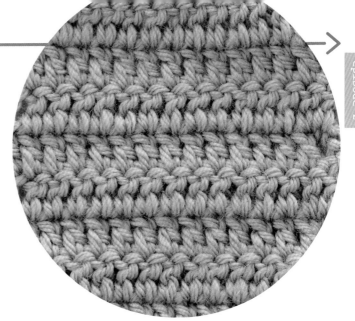

長編み
なが　あ

鎖編みや細編みと並んで、かぎ針編みの基本となる編み方です。ひとつの目が細編みの3倍の高さになる縦長の編み目で、どんどん編み進めることができます。細編みより隙間が空くので軽く仕上がり、少しやわらかい編み地になります。

長編みの正方形

細編みの次は長編みで正方形を編んでみましょう。これも段数は気にせずに、だいたい正方形になればOKです。細編みとは違い、立ち上がりの鎖を1目と数えるため、両端の目の編み方に注意して編みましょう。

用意するもの
［糸］パピー「クイーンアニー」
［針］かぎ針7/0号

■ 鎖編みの作り目と立ち上がりの鎖を編みます

はじめに鎖編みで作り目を15目（鎖編みの編み方は14ページ参照）、立ち上がりの鎖を3目編みます。

1　鎖編みの作り目を15目編みます。

立ち上がり
の鎖3目

2　立ち上がりの鎖を3目編みます。細編みは1目でしたが、長編みは3倍の高さが必要なため立ち上がりが3目になります。

■ 裏山を拾って1段めを編みます

細編みと同様、鎖の作り目の裏山を拾いながら1段めを編みます。

3　針を入れる前に糸をかけます。

立ち上がり
の鎖3目

台の目

5目めの
裏山

4　立ち上がりの鎖3目＋台の目1目を飛ばし、5目めの裏山に針を入れます。
※長編みの場合は、立ち上がりの鎖3目を1目と数えます。「台の目」とは、長編みの1目め（立ち上がりの鎖3目）の土台となる目のことです。

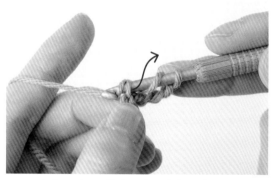

5　糸をかけて、裏山の中から引き出します。

6　引き出したところです。針には3本のループがかかります。

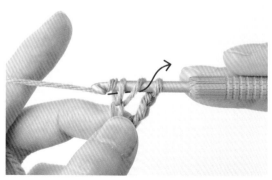

7　もう一度糸をかけて、針先から2本のループの中から一度に引き出します。

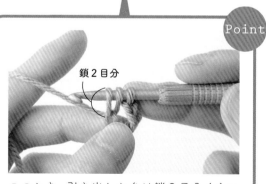

Point

鎖2目分

このとき、引き出した糸は鎖2目分くらいの高さに引き上げておきます。これは編み目の美しさに関わることなので、はじめのうちは気にせず、どんどん編んでほしいのですが、今から2目分を手に覚えさせておくと、後が楽です。

8　引き出したところです。針には2本のルー
　　プがかかります。

9　さらにもう一度糸をかけて、2本のループ
　　の中から一度に引き出します。

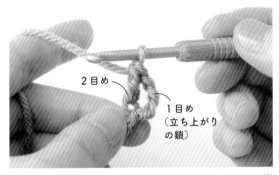

2目め

1目め
（立ち上がり
の鎖）

10　長編みが1目編めました。立ち上がりの鎖
　　3目が1目めとなるため、これで2目編め
　　たことになります。続けて長編みを編みま
　　しょう。

11　糸をかけます。

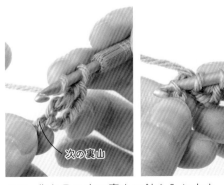

次の裏山

12　作り目の次の裏山に針を入れます。

13　糸をかけ、裏山の中から引き出します。

14　針に3本かかります。引き出した糸の高さ
　　を鎖2目分くらいにするのを忘れずに。

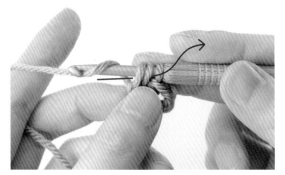

15　もう一度糸をかけ、針先から2本のループ
　　の中から引き出します。

16　引き出したところです。針には2本のルー
　　プがかかります。

17　さらにもう一度糸をかけ、2本のループの
　　中から一度に引き出します。

18　3目めが編めました。同じようにして1段
　　めの最後まで編んでみましょう。

19　14目めまで編めたところです。

20 15目めも今までと同様に、まず糸をかけます。

21 同じように裏山を拾って、長編みを編みます。

裏山

15 14 13 12 11 10 9 8 7 6 5 4 3 2 1

22 1段めが編めたところです。

長編みは工程が多いので、リズムにのってやるのもオススメ！

❶（糸を）かける
❷（針を）入れる
❸（糸を）かける
❹（裏山から）引き出す
❺（糸を）かける
❻（2本から）引き出す
❼（糸を）かける
❽（2本から）引き出す

慣れてきたらカッコの部分は省略！　自分なりのリズムを作れば途中の工程が抜けるミスはなくなりますよ！

■ 編み地を返します

次の段に進む時は編み地を返して向きを変えます。

23 かぎ針を基点にして、編み地を反時計回りに回します。

24 左手で編み地を持ちます。

2段めを編みます

2段めからは前段の頭2本を拾って編みます。
立ち上がりの鎖を1目と数えるため、両端の編み方が細編みとは変わります。

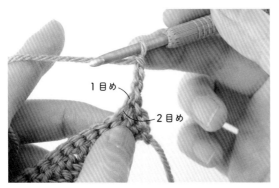

25　立ち上がりの鎖3目を編み、2目めに長編みを編みます。

26　糸をかけ、前段の頭の鎖2本をに針を入れます。

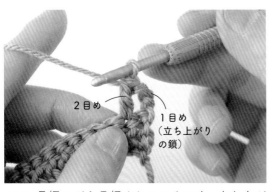

27　長編みが1目編めたところです。立ち上がりの鎖を1目と数えるため、これで2目編めたことになります。同じように長編みを編んでみましょう。

28　14目めまで編めたところです。

29　15目めは、前段の立ち上がりの鎖3目です。14目めのすぐ左にある鎖（立ち上がりの鎖を下から数えて3目め）の裏山と外側半目を拾って編みます。

Point

1段めだけ立ち上がりの鎖は裏側が見えていますが、2段め以降は表側が見えます。

30　2段めが編めました。

■ 3段め以降を編みます

　3段め以降も、2段めと同様に編みますが、最後の立ち上がりの鎖は表側を向いているので
裏山の拾い忘れに気をつけましょう。

31　3段めの最後、14目めまで編めたところで
す。前段の立ち上がりの鎖3目は表側が見
えています。

外側半目
裏山

32　前段の立ち上がりの鎖3目の下から数えて
3目めの外側半目と裏山を拾って編みます。

33　3段めが編めました。4段めからも同様に
編み、正方形になるまで繰り返しましょう。

34　ここでは段数は気にせず、だいたい正方形
になったら終わります（写真は8段編みまし
た）。

33

■ 最後の目を止めて終わります

細編みと同様、残った糸端はここではそのままにしておき、後で始末します（73ページ参照）。

35　糸をかけ、ループの中から引き出します。

36　かぎ針を持ち上げてループを大きくします。高さ7〜8cmくらいになったらかぎ針を外し、ループの中にはさみを入れてカットします。

37　糸玉につながっている方の糸を引き、ループの中から抜きます。

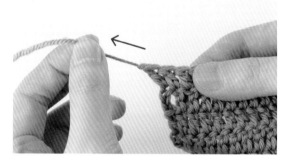

38　糸端を引いてもほどけません。糸端はこのまま残しておきましょう。

39　長編みの正方形ができました！

\ check /

ほどいてみましょう

編み目が気に入らなかったり、1目飛ばしてしまったりしたらほどいて編み直す
ことができます。編み目がどのようにほどけるのか試してみましょう。

1　針を外して少し引いてみましょう。

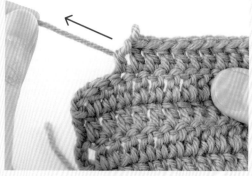

2　途中はループが2つになります。

3　さらに引いたところです。

4　編み直す際はループがひとつのところま
でほどきましょう。かぎ針を入れる向きは
糸を引いたときにループが前側に流れれ
ばOKです（16ページ、編み目の向き参照）

トラブルシューティング

端の拾い間違いでラインがガタガタに
段の最後で前段の立ち上がりの目を拾
わなかったり、立ち上がりの鎖3目を編
んだ後、台の目や1目めに編み入れてし
まったりして目の数が変わってしまう
と、写真のようにガタガタになってしま
います。28〜33ページを見直して、目を
拾う位置を確認してみましょう。

ここまできたら覚えておきたい

かぎ針編みの
基礎知識

鎖編み、細編み、長編みを編んだら
かぎ針を置いて、少しひと休み。
編み物の本にある記号や図はどうやって見ればいい？
編み目ってどうなっているの？
編んでいる途中で糸がなくなったらどうするか？　など、
もっと編み進めるために必要なことを覚えておきましょう。

編み目の構造と目・段の数え方

ここまでに編んだ細編みと長編みをじっくり見て、編み目の頭と足がどこにあるか探してみましょう。どれが1目かわかったら、目は横に数え、段は縦に数えます。はじめは難しく感じますが少しずつ慣れていきましょう。

細編み

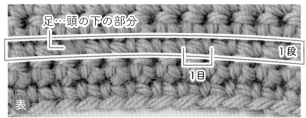

足…頭の下の部分

1段

1目

表

裏

頭…編み目の上部にできる鎖の部分。
ここを見ると目が数えやすいです。

立ち上がり…段の始めに編む鎖。本来編む
べき目の高さ分、鎖編みをしたもの。

長編み

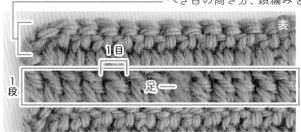

1目

1段

足

表

裏

編み目記号

編み目記号とは編み方を記号で示したもので、文章の説明がなくても記号だけでどんな編み方をしているのか知ることができる、音楽でいう音符のようなものです。

編み目記号を組み合わせることで模様やデザインも表現できるため、詳細な手順の説明がなくても同じ作品を編むことができます。鎖編み、細編み、長編みなど基本の編み方から少しずつ覚えていきましょう。

編み目記号は日本工業規格によって定められていて（JIS記号）、基本的にはどの本も同じ記号を使っています。JIS記号にないものもありますが、パッと見て「きっとこの編み方のことを言っているはず！」と想像できるものがほとんどです。編み目記号は編み物界のコミュニケーションツールといえるかもしれません。

編み目の高さ

かぎ針の編み目は、鎖編み1目分の高さを基準にして、細編みは同じ高さ、長編みは3倍の高さとなっています。立ち上がりの目はこの高さに合わせた数の鎖を編みます。

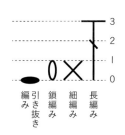

3
2
1
0

引き抜き編み　鎖編み　細編み　長編み

この本で使う編み目記号

編み目記号	名称	始めに出てくるページ
⬯	鎖編み	P.13
✕	細編み	P.18
Ŧ	長編み	P.27
⬬	引き抜き編み	P.61
✕̲	細編みのすじ編み	P.96
⩔	細編み2目編み入れる	P.43
V	長編み2目編み入れる	P.52
⋀	細編み2目一度	P.47
細編み記号	細編み3目一度	P.49

編み図

編み図はその作品を編むための設計図のようなもので、作品を編むために必要な情報（使用する糸や針、寸法と目数・段数、模様やデザイン、編み方の種類、仕上げ方など）を知ることができます。

編み方の説明には編み目記号を使うことが多いですが、編み図自体には統一されたルールはありません。「編み図を作った人が何を伝えたいのか」を編み図全体から読み取る作業は、ときに謎解きのように思えます。

まずは簡単な編み図から謎解き方法を練習してみましょう。

■ 編み地と編み図を見比べてみましょう

これまでに編んだ「細編みの正方形」と「長編みの正方形」を編み図にしたものと比べてみましょう。

細編みの正方形　▷18〜26ページ

18〜26ページで編んだ「細編みの正方形」を編み図に表すと以下のようになります。編み図はBだけの場合、AとBのどちらもある場合、さらに図や表を追加しているものなどさまざまです。理解するには時間がかかりますが、この本で少しずつ編み図に慣れていきましょう。

図A

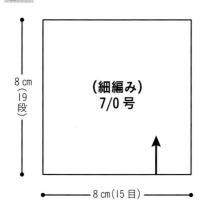

8cm（19段）
（細編み）7/0号
8cm（15目）

［この編み図からわかること］

❶ 図の形から四角を編むことがわかります。

❷ 幅8cm、高さ8cmの正方形になります。

❸ 下から伸びる矢印は正方形の底辺から「上に編み進む」という意味です。矢印のスタート位置によって、横から編むものや中心から編むものなどがあります（右図参照）。

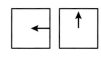

❹ カッコ内に「細編み」とあるので編み方は細編みで、「7/0号」とあるのは針のサイズです。

▶ ❶〜❹から7/0号のかぎ針を使って細編みで正方形を編むことがわかります。細編みの編み方を知っていれば、この編み図だけで同じ正方形が編めますね。

ただし人によって手加減が違うため、必ず8cmになるとは限りません。編み図の制作者は「7/0号で15目、19段の細編みを編むと8cmくらいになると想定しているけど、もしならなかったら目数や段数を増減したり、針のサイズを変えたりして調整するのは自由よ。面倒だったらなりゆきの寸法でもOK！」くらいの気持ちだったりします。

作品によっては寸法に合わせて手加減や目数・段数などを調整しないと困ることもありますが、それはもっと上級者のお話。今は編み図の通りの目数・段数で編んでみて、どのくらい差が出るのか体験してみましょう。

図B

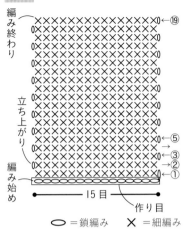

編み終わり
立ち上がり
編み始め
15目
作り目

◯=鎖編み　✕=細編み

[この編み図からわかること]

❶「編み始め」と「編み終わり」の位置から、下から上に編むことがわかります。

❷編み始め側に鎖編みが横に並んでいるので、これが鎖編みの作り目です。

❸右側にある数字は段数を示し、左右を差し示す矢印はその段を編む方向を表しています。

「←1」＝1段めを右端の編み目記号から編み始め、左端で終わる

「→2」＝2段めは左端の編み目記号から編み始め、右端で終わる

矢印の記載がない場合でも、立ち上がりの鎖（◯）の位置でその段の編み方向がわかります。立ち上がりの鎖を編むのはその段の編み始めなので、「◯」がある方からない方へ進みます。

※ここで図Aを見てみると、1段ごとの編み方向は記載されていません。形が四角であることと、下から上に伸びるひとつの矢印だけで1段ごとに往復しながら編むと判断します。

❹編み目記号から細編みで編むことがわかります。編み目記号は暗記していなくても凡例が載っているのでそこで確認できます。

▶ ❶～❹から、次のように編むことがわかります。
- 編み始めから鎖編みを15目編みます（編み目記号の数も15個です）。
- 次の鎖編みは縦向きになっていますが、編み方は同じ。立ち上がりとして鎖編みを1目編みます。
- 次は左に進みます。細編みの編み目記号が15個あるので、細編みで15目編みます。
- 2段めも縦の鎖編みで始まっているので、立ち上がりの鎖1目を編み、右に進んで細編みを15目編みます。

このように1目ずつどのように編めばよいかを編み目記号が示しています。この編み図は細編みだけなので、編み目記号をひとつひとつ追わなくても編めますが、模様が複雑になってくると、ひとつひとつ確認しながら編むことになります。

長編みの正方形　▷27～35ページ

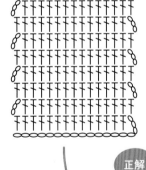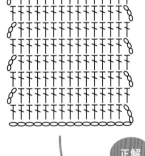

Q1　編み始めはどこでしょう

Q2　作り目は何編みで、何目編みますか？

Q3　「台の目」はどこでしょう

Q4　4段目の長編みの編み方向は「←」or「→」どちらでしょう？

Q5　編み終わりはどこでしょう

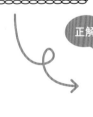正解

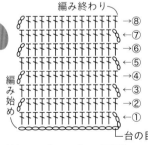

編み終わり
編み始め
台の目
鎖編みで作り目を15目編む
◯=鎖編み　T=長編み

右上が27～35ページで編んだ長編みの正方形の編み図です。今度はこの編み図を自分で読み解いてみましょう。細編みより少し情報を減らしてみましたが、これでも同じものが編めますよ。

模様編み

鎖編み・細編み・長編みでできる

よね編み

細編みと鎖編みを交互に編み、2目×2段で1模様になる編み方です（P.86スマホショルダーポーチで使用）。

長編み＋鎖編みの方眼編み

長編みと長編みの間を鎖編みでつないで、方眼のマス目を作るように編みます（P.106三角ショールで使用）。

39

かぎ針編み共通の トラブルシューティング

新しい糸に替える

途中で糸がなくなるなどして糸を替える場合、いくつかやり方ありますが、この本では以下の方法で糸を替えます。

1 糸が短くなってきたら、直前の目を途中まで編み、新しい糸にします。

2 細編みの場合は、針を入れ、糸を引き出したところで止まります。長編みの場合は29ページ8のところで止まるとよいでしょう。

3 残りの糸を針先の手前から奥に向かってかけ、糸端は編み地の裏側へ垂らします。針にかかった糸は3本になりました。

新しい糸

4 新しい糸の糸端（ここではわかりやすいように色を変えています）を裏側に垂らし（7〜8cmくらい）、3の糸と一緒に押さえて持ちます。

5 新しい糸を左手にかけ、裏側の2本の糸端を押さえながら続きを編みます（このとき3の糸も一緒に編みます）。

6 糸が替わりました。

7　次の目から新しい糸で編みます。

8　裏側から見たところです。2本の糸端がありますがそのまま編み進め、編み上がってから糸始末をしましょう（74ページ参照）。

糸玉から結び目が出てきたら

編んでいる途中で結び目が出てきたら、ほどくか、結び目部分をカットして使います。

1　編んでいる途中で結び目が出てくることがあります。

2　結び目をほどくか、結び目部分をカットして取り除きます。

3　糸がなくなって新しい糸に替えるときと同様に使用します。

編み途中で休む時は

編んでいる途中で休んだり持ち歩くためにかぎ針を外す場合は、ほどけないように目を休ませておきます。

1　かぎ針を抜く前に針を引き上げて、ループを大きくしておきましょう。糸が引っぱられてほどける心配がない場合は、このやり方で十分です。

2　袋などに出し入れしたり、持ち歩く場合などは、ループにマーカーを入れておくと安心です。

Step 3

増し目と減らし目

これまで編んできた正方形は同じ目数のまま真っすぐ編みましたが、1目から数目を編み出すことで目を増やしたり（増し目）、数目を1目にまとめて編むことで目を減らしたり（減らし目）することでさまざまな形を編むことができます。三角や丸など5種類のモチーフを編んでみましょう。

> このページから編み図が登場！ 編み図と写真の手順を見比べながら編み図に少しずつ慣れていきましょう。

A 増し目で作る細編みの台形
（細編み2目編み入れる）

1目に2回細編みを編む増し目をして、台形を編みましょう。

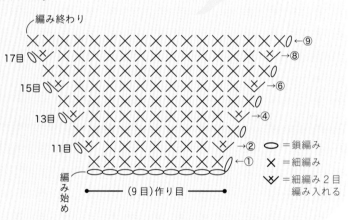

○ ＝鎖編み
✕ ＝細編み
✕/ ＝細編み2目編み入れる

■ 作り目をして1段めを編みます

鎖編みの作り目9目から1段めを編みましょう。

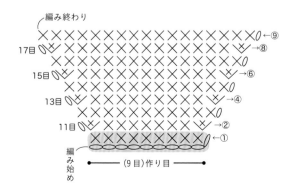

1　鎖編みを9目編みます。

2　立ち上がりの鎖1目を編み、細編みを1段編みます。

3　1段めが編めたところです。9目あるか確認しましょう。

2段めの両端で増し目をします

1目めと最後の目で、1目から2目編み出す増し目（細編み2目編み入れる）をして11目にします。

動画でも check

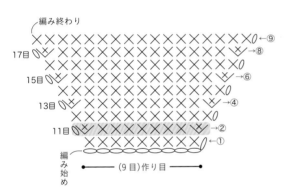

編み終わり
17目
15目
13目
11目
編み始め
←⑨
→⑧
→⑥
→④
→②
①
（9目）作り目

4　立ち上がりの鎖1目を編んだら、1目めに細編みを1目編みます。

5　4で編んだ細編みと同じところに針を入れて、もう1目細編みを編みます。

6　「細編み2目編み入れる」が編めました。これで1目増えたことになります。

7　最後の目の手前まで細編みが編めたところです。最後の目に2回細編みを編みます。

8　1目編んだところです。同じところにかぎ針を入れて、もう1目細編みを編みます。

9　「細編み2目編み入れる」が編めました。ここでも1目増えたので、2段めで計2目増えたことになります。

10　2段めが編めたところです。全部で11目になりました。

■ 3段めを編みます

増し目をせずに細編みを11目編みます。

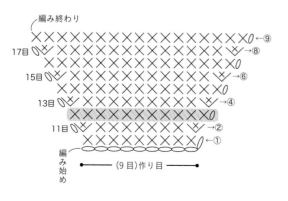

11　細編みが11目編めたところです。

■ 4段めの両端で増し目をします

2段めと同じように、両端で「細編み2目編み入れる」を編みます。

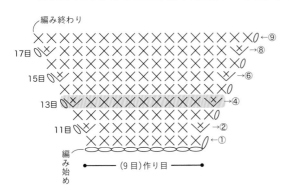

12　1目めに2回細編みを編みます（細編み2目編み入れる）。

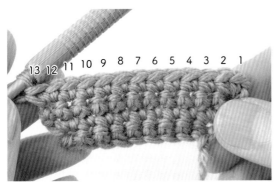

13　最後の目にも1目に2回細編みを編みます（細編み2目編み入れる）。全部で13目になります。

■ 9段めまで編み図の通りに編みます

奇数段はそのままの目数、偶数段で増し目をしながら9段めまで編んでみましょう。

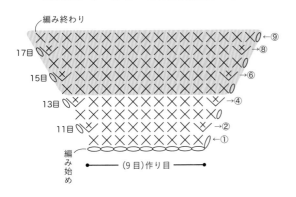

14　9段めまで編むと、全部で17目になります。最後は目を止めて、糸端はこのまま残しておきます。細編みの台形が編めました！

B 減らし目で作る細編みの三角形
（細編み2目一度、細編み3目一度）

2目または3目を1目にまとめる減らし目をして三角形を編みましょう。

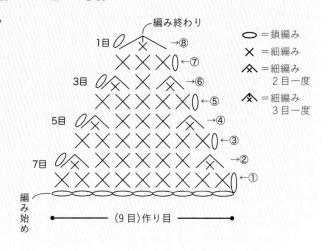

○＝鎖編み

✕＝細編み

⋀＝細編み
　　2目一度

⋀＝細編み
　　3目一度

■ 作り目をして1段めを編みます

鎖編みの作り目9目から1段めを編みましょう。

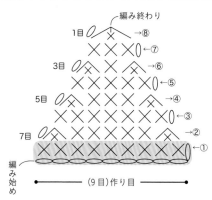

1　鎖編みを9目編みます。

2　立ち上がりの鎖1目を編み、細編みを1段編みます。

3　1段めが編めたところです。9目あるか確認しましょう。

■ 2段めの両端で減らし目をします

1目めと最後の目で、2目を1目にまとめる減らし目（細編み2目一度）をして
7目にします。

動画でも check

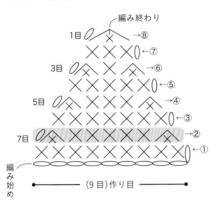

4　立ち上がりの鎖1目を編みます。

5　1目めに針を入れ、糸をかけて引き出した
ところで止めます。

6　糸を引き出したところです。細編みが途中
の状態（これを未完成の細編みと言います）
で、2目めに進みます。

7　2目めに針を入れ、糸をかけて引き出した
ところで止めます。

8　2目めも未完成の状態です。かぎ針に3本
のループがかかります。

47

episode 2

9　もう一度糸をかけ、針にかかったループ3本の中から一度に引き出します。

10　「細編み2目一度」が編めました。前段の2目分が1目になり、1目減りました。続けて、編み図の通りに細編みを5目編みます。

11　残り2目まで細編みが編めたところです。最後も「細編み2目一度」を編みます。

12　次の目に針を入れ、糸をかけて引き出します。

13　未完成の細編みが1目編めました。

14　続けて最後の目に針を入れ、未完成の細編みを編みます。

15 未完成の細編みを2目編んだら、糸をかけて、3本の中から一度に引き出します。

16 「細編み2目一度」が編めました。全部で7目になりました。

7段めまで編み図の通りに編みます

奇数段はそのままの目数、偶数段で減らし目をしながら7段めまで編んでみましょう。

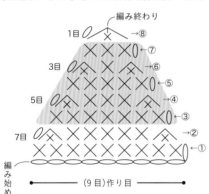

17 3段めは減らし目をせず細編みを7目編み、その後も奇数段は減らさず、偶数段の両端で減らし目をします。7段めまで編むと3目になります。

動画でも
check

8段めで減らし目をします

最後の段は3目を1目にまとめる減らし目（細編み3目一度）をして終わります。

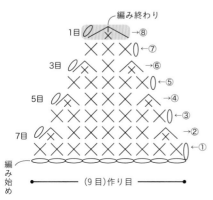

18 立ち上がりの鎖1目を編みます。

49

19 1目めに針を入れ、糸をかけて引き出したところで止めます。

20 未完成の細編みが1目編めました。

21 続けて次の目に針を入れ、糸をかけて引き出したところで止めます。

22 未完成の細編みの2目めが編めました。針にかかったループは3本になります。

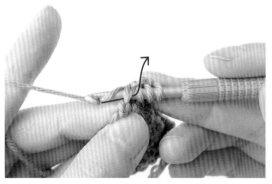

23 最後の目に針を入れて、糸をかけて引き出したところで止めます。

24 未完成の細編みの3目めが編めました。針にかかったループは4本になります。

25 未完成の細編みが3目編めたら糸をかけて、矢印のように引き出します。

26 4本のループから一度に引き出しているところです。

27 「細編み3目一度」が編めました。前段3目だったところが1目になり、2目減りました。

28 最後は目を止めて、糸端はこのまま残しておきます。

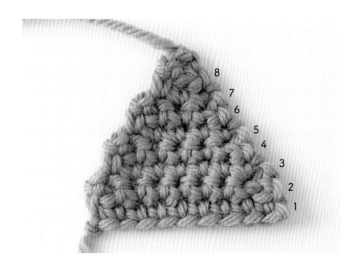

29 細編みの三角形が編めました！

C 増し目で作る長編みの三角形（長編み2目編み入れる）

1目に2回長編みを編む増し目をして長編みの三角形を編みましょう。

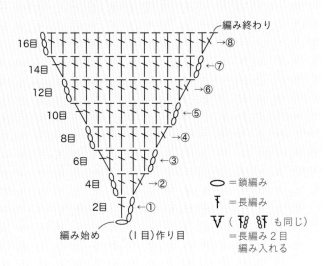

編み終わり
→⑧
16目
14目
←⑦
12目
→⑥
10目
←⑤
8目
→④
6目
←③
4目
→②
2目
←①

編み始め　　（1目）作り目

○ ＝鎖編み
Ｔ ＝長編み
Ｖ（ 🇫 🇫 も同じ）
＝長編み2目
編み入れる

▮ 作り目をして1段めを編みます

鎖編みの作り目1目から始め、1段めで1目から2目編み出す増し目（長編み2目編み入れる）をして2目にします。

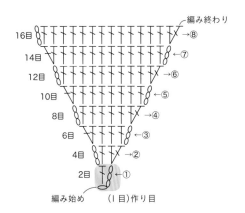

編み終わり
→⑧
16目
14目
←⑦
12目
→⑥
10目
←⑤
8目
→④
6目
←③
4目
→②
2目
←①

編み始め　　（1目）作り目

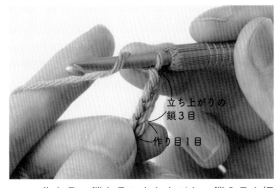

立ち上がりの
鎖3目
作り目1目

1 　作り目の鎖1目と立ち上がりの鎖3目を編み、1目めに長編みを編みます。

2 　針は立ち上がり3目を飛ばし、4目め（台の目）の裏山に入れます。

3 　1段めが編めました。作り目1目に2目（立ち上がりの鎖3目と長編み1目）を編んだので1目増えたことになります。

■ 2段めの両端で増し目をします

1目めと最後の目で「長編み2目編み入れる」をして4目にします。

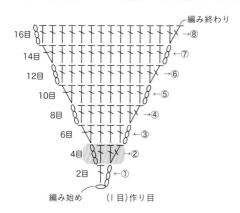

4 立ち上がりの鎖3目を編みます（＝1目め）。1目めに長編みを編み、1目増やします。

5 1目めは前段が長編みなので、頭2本に針を入れます。「長編み2目編み入れる」が編めました。

6 2目めは前段が立ち上がりの鎖3目なので、裏山と外側半目を拾って長編みを1目編みます。

7 6と同じところに長編みをもう1目編みます。

8 「長編み2目編み入れる」が編めました。2段めが4目になりました。

■ 3段めも両端で増し目をします

2段めと同じように、両端で増し目をして6目にします。

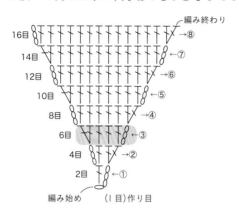

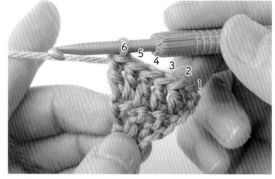

9 立ち上がりの鎖3目のあと、1目めに長編みを編みます。間に長編みを2目編み、最後の目に長編みを2目編みます。

■ 8段めまで編みます

同じように毎段両端で増し目をして8段めまで編んでみましょう。

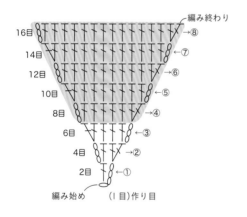

10 8段めまで毎段両端で増し目をすると、16目になります。最後は目を止めて、糸端はこのまま残しておきます。長編みの三角形が編めました。

かがりはぎをやってみよう

編み地どうしをつなぎ合わせることを「とじ」「はぎ」といいます（段と段、目と目、目と段をつなぐかで呼び方が変わります）。どちらもいくつかやり方がありますが、この本では「かがりはぎ」のみを使います。

▨ とじ針に糸を通します

かがりはぎはとじ針を使います。新しく糸を使う場合と、編み始めや編み終わりの糸端を長く残しておいて使う場合がありますが、ここでは新しい糸を使ってみましょう。

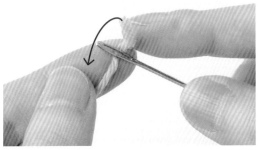

1 指の上に糸端をのせ、その上にとじ針をおきます。とじ針をはさむように糸端を折ります。

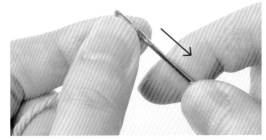

2 折り山をぎゅっとつまんだまま針だけをスライドさせて外します。

3 折り山を針穴に押し込みます。

4 針穴に折り山が通ったら、折り山を引き出して通します。

7～8cmくらい

5 使っているうちに糸端が抜けないよう、7～8cmくらい出しておきましょう。

毛糸はやわらかいため、縫い糸を縫い針に通すよりも難しいですが、このやり方なら糸通しを使わなくて済みますよ！

■ かがりはぎをします

42ページと46ページで編んだ台形と三角形をつなげて
大きな三角形にしてみましょう。

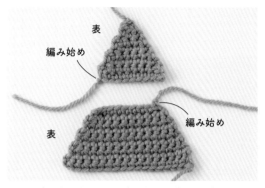

1　台形と小さな三角形を写真のように並べます。

2　2枚を中表に重ねます（外表の場合もあります）。2枚の作り目どうしをはぎ合わせます。

3　糸をはぎ合わせる幅の約3〜4倍の長さにカットします。
※わかりやすいように別の色の糸を使用しています。実際は編み地と同じ色の糸を使用します。

4　とじ針に3で用意した糸を通します。

5　2枚の編み地に、手前側から一度に針を入れ、向こう側に出します。その際、それぞれの鎖2本を拾うように針を入れます。糸端は7〜8cm残しておきます。

6　5と同じところの手前の編み地だけに向こう側から手前側に針を通し、糸を引きます（作品によってはこの工程をやらない場合もあります）。

7　次の目の鎖2本に向こう側から一度に針を入れて、手前側に出します（針を入れる向きは逆の場合もあります）。

8　針を出したら糸を引きます。7〜8を最後まで繰り返します。

9　1目ずつ針を通すと、ずれることなくはぎ合わせられます。

10　最後は、向こう側の編み地だけに手前側から針を通して糸を引きます（作品によってはこの工程をやらない場合もあります）。

裏

11　かがりはぎができました！　かがった糸が斜めに渡ります。糸端はそのままにしておき、後で糸始末します（73ページ参照）。

同じかがりはぎでも作品によって使う糸・かがる範囲などが変わるため、かがり始めと終わりの手順は様々です。この大きな三角形を例に練習してみましょう。

D 輪の作り目で編む細編みの円（細編み2目編み入れる）

中心から編み始め、目を増やし
ながららせん状に編むこともで
きます。編み図の見方を学びな
がら円を編んでみましょう。

動画でも
check

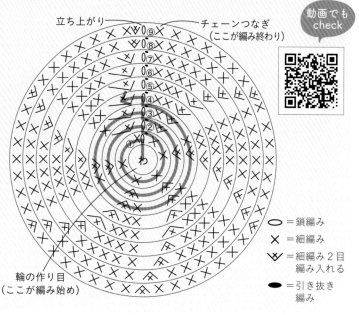

立ち上がり　　　　　　チェーンつなぎ
　　　　　　　　　　　（ここが編み終わり）

輪の作り目
（ここが編み始め）

◯＝鎖編み

✕＝細編み

Ⓥ＝細編み2目
　　編み入れる

⬤＝引き抜き
　　編み

▦ 指に巻く輪の作り目を作ります

中心の「わ」は指に輪を巻いて作る作り目のことです。

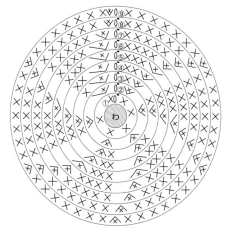

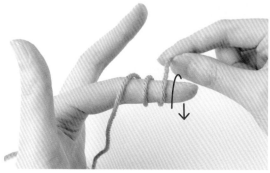

1　糸を左手の人さし指に手前から向こう側へ
　　ゆるめに2回巻きます。糸端は向こう側に
　　下ろします。

2　1で巻いた糸すべてを右手でつまみ、左手
　　の人さし指から外します。

3　糸玉側の糸を左手にかけ、2を左手に持ち
　　替えます。二重の輪が崩れないように、指で
　　押さえます。

4　輪の中に針を入れ、糸をかけて輪の中から引き出します。

5　引き出したところです。かぎ針にループができました。

6　もう一度、糸をかけてループの中から引き出します。

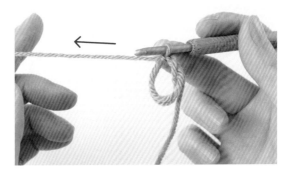

7　糸玉側の糸を引いて、目を引き締めます。最初の目ができました。これは1目と数えません。

▨ 1段めを編みます

輪の作り目の中に細編みを6目編みます。編み図は立ち上がりの鎖から始まり、左に進みます。

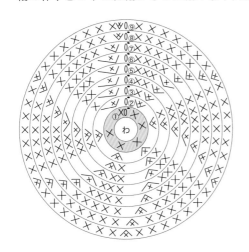

8　立ち上がりの鎖1目を編みます。

9　細編みを6目編みます。針は6目すべて二重の輪の中に入れて編みます。

10　輪が不安定だと編みにくいので、左手の親指や中指で輪を下に引いたり、針の近くを押さえたり、持つ場所を替えながら編んでみましょう。

 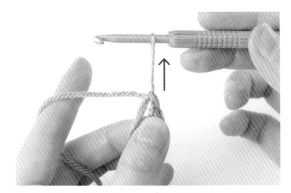

11　細編みが編めたところです。

12　針にかかったループを大きくしておいて、一度針を外します。次の工程をやりやすくするためですが、慣れたら針を入れたままでもOKです。

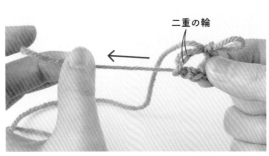

二重の輪

13　糸端を少し引っぱって、二重の輪の動くほうを探します。

14　13で動いたほうに持ち替え、輪をどちらかに引いてもう1本の輪を先に引き締めます。

15 再び糸端を引っぱり、残った輪も引き締めます。

16 輪になりました。これが指に巻く輪の作り目です。

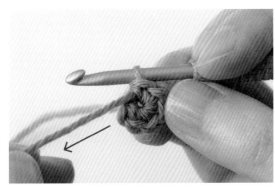

17 針を戻します。糸端を引いて針を入れる向きがあっているか確認しましょう。手前に糸が流れれば〇Kです。

引き抜き編みをします

最後は、引き抜き編みをして終わります。引き抜き編みは、はじめて出てくる編み方です。

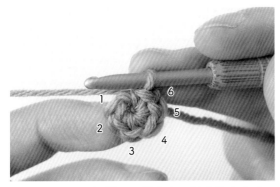

18 1目めの細編みの頭2本に針を入れます。針の真下が6目めの細編みなので、そこから6目数えると1目めがどれかわかりやすいです。

19 糸をかけ、針にかかったループを一度に引き抜きます。

20　引き抜き編みが編めました。ここで1段め
　　が編めたことになります。

■ 2段めを編みます

1段めの細編みすべてに「細編み2目編み入れる」を編みます。

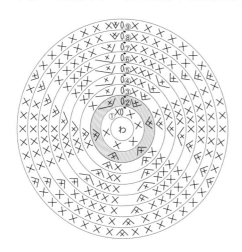

21　編み地を返さず、次の段に進みます。9段め
　　まですべて1段めと同じ方向に編み進みま
　　す。

立ち上がりの
鎖1目

引き抜き編み

24　立ち上がりの鎖1目を編みます。

23　「細編み2目編み入れる」を編みます。1目
　　めは前段で引き抜き編みをしたところです。

24 ひとつめの「細編み2目編み入れる」が編めたところです。次の目からも「細編み2目編み入れる」を繰り返します。

25 「細編み2目編み入れる」が6回編めたところです。計12目になりました。

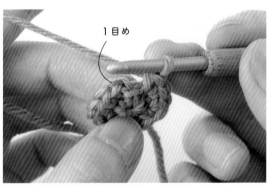

1目め

26 最後は2段めの1目めに引き抜き編みをします。

27 2段めが編めました。

3段めを編みます

「細編み2目編み入れる＋細編み1目」を6回繰り返します。

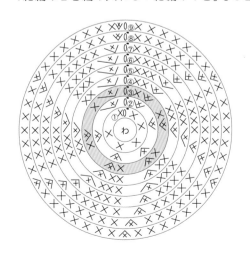

28 立ち上がりの鎖1目を編み、1目めを編みます。どこに引き抜き編みをするかわからなくなりそうなときは、1目めを編んだら頭にマーカーを入れておきましょう。

29 1目めと同じところにもう1目細編みを編みます（細編み2目編み入れる）。

30 前段の2目めには細編みを1目だけ編みます。「細編み2目編み入れる、細編み1目」を計6回繰り返します。

31 最後は1目めに引き抜き編みをします。マーカーを入れておいた場合は、マーカーと同じところに針を入れます。

32 3段めが編めました。計18目になりました。

■ 4～9段めを編みます

4段め以降も、「細編み2目一度編み入れる＋細編み」を繰り返します。

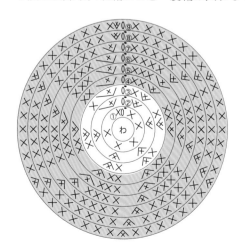

33 細編みの目数は段数と共に増えていきます。何目あるか編み目記号を数えながら編んでみましょう。写真は9段めまで編めたところです。

■ チェーンつなぎをします

最後はチェーンつなぎをしてみましょう。鎖がつながってきれいに見えます。

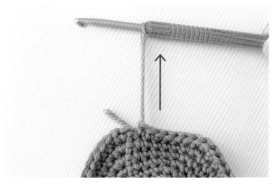

34 糸端は10cmくらい残してカットし、針を引き上げて糸を引き抜きます。

35 糸端をとじ針に通し（通し方は55ページ）、最後の段の1目めの頭2本に裏から針を入れて手前側に出します。

36 編み終わりの糸が出ているところに針を入れ、裏で横に渡っている糸も一緒に拾って裏側に出します（わかりにくい場合は動画を見てみましょう）。

37 糸を引いて、他の目と同じ大きさになるように整えます。

（裏）

段数を重ねるごとに、やや六角形に見えてきますが、これは毎段同じ場所で増し目をしたからです。完全な円を編む方法もありますが、ここでは規則正しい増し目の練習ができればOKです。

38 糸端はそのままにしておきます。細編みの円が編めました！

65

episode 2

E 鎖を輪にした作り目で編む四角形

中心から編み始める四角形です。角で目を増やしながら、らせん状に編みます。

チェーンつなぎ（ここが編み終わり）

編み始め

動画でも check

○ = 鎖編み
× = 細編み
● = 引き抜き編み

▦ 鎖の輪の作り目を作ります

鎖編みの作り目を輪にする作り目で、鎖の数は編み図によって変わります。

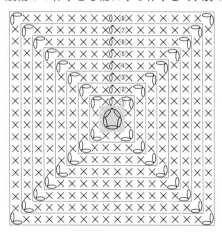

1 鎖編みを5目編みます。糸端を矢印のように持ち上げて鎖を輪にします。

2 1目めの外側にくる半目と裏山に針を入れます。

3 糸端は左手にかけた糸の上を通して向こう側に下ろしておきます。

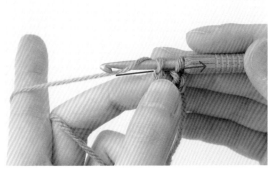

4　右手の中指で針にかかったループと3の糸端を一緒に押さえ、糸をかけてループ2本を一度に引き抜きます（引き抜き編み）。

5　鎖の輪の作り目ができました。

細編みと鎖編みで1段めを編みます

編み図は立ち上がりの鎖から始まり、左に進みます。
四角形のどこ（角・辺）を編んでいるのかをイメージしながら進めましょう。

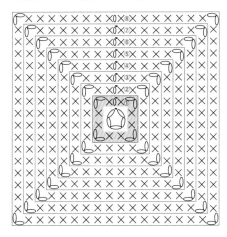

6　立ち上がりの鎖1目を編みます。

7　作り目の輪の中に針を入れて、細編みで1目編みます（1段めの細編みはすべて同じ入れ方です）。

8　細編みが1目編めたところです。ここは四角形の辺になります。ひとつめの辺だけ1辺の半分を編み、残りは1周して最後に編みます。

9　鎖編みを2目編みます。これが四角形の角になります。

10　7と同じように輪の中に針を入れて細編みを2目編みます。これが2つめの辺になります。段数が上がると目数も2目、4目、6目……と2目ずつ増えていきます。

11　次は角です。鎖編みを2目編みます。

12　次は辺です。細編みを2目編みます。11〜12をもう1回編みます。

13　最後の角で鎖編みを2目編んだら、8と同じ辺の細編みを1目編みます。

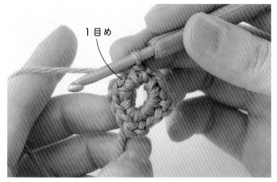

1目め

14　1目めの細編みの鎖2本に針を入れ、引き抜き編みをします。

15　1段めが編めました。作り目の鎖編みがくるまれて見えなくなりました。

2段めを編みます

1段めと同じように編み進みます。辺の細編みは2目から4目に増えます。

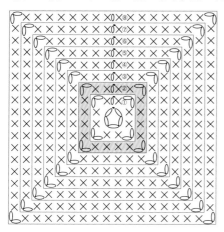

16　編み地は返さず、1段めと同じ方向に編み進みます。立ち上がりの鎖1目を編み、前段の細編みの頭2本（14と同じところ）に針を入れて細編みを1目編みます。

17　次の細編みは前段の角（鎖2目）の空間に針を入れます（これを「束に拾う」と言います）。

18　束に拾う細編みが1目編めたところです。ここで一辺の半分の2目が編めました。

19 次に角の鎖編みを2目編みます。次の辺で細編みを4目編みますが、1目めは直前の細編み（17）と同じところに針を入れます（束に拾う）。

20 次の2目は前段の細編みの頭2本を拾って編みます（ここで編む細編みは前段の1辺の細編みの数と同数です）。

21 4目めは前段の角（鎖2本）の空間に針を入れて、細編みを編みます。

22 この後も同じように角と辺を繰り返し編みます。

23 1周してひとつめの辺まで戻ってきたら、1目めに引き抜き編みをします。

Point

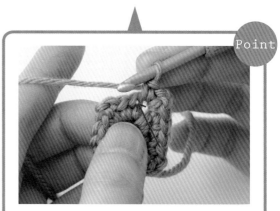

角の左隣の細編みは頭の見た目が他と違って見えるかもしれませんが、矢印の部分に針を入れれば頭2本を拾えます。

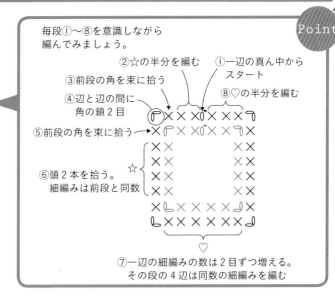

毎段①〜⑧を意識しながら
編んでみましょう。

②☆の半分を編む　　①一辺の真ん中から
③前段の角を束に拾う　　　　　スタート
④辺と辺の間に　　　　　　⑧♡の半分を編む
　角の鎖2目

⑤前段の角を束に拾う

⑥頭2本を拾う。
　細編みは前段と同数

☆

♡

⑦一辺の細編みの数は2目ずつ増える。
　その段の4辺は同数の細編みを編む

24 2段めが編めたところです。

3〜8段めを編みます

3段めからも同じように編みます。編み図を見ながら編み進めてみましょう。

25 8段めの最後まで編めたところです。最後はチェーンつなぎをしましょう（65ページ参照）。

同じ細編みでも25ページの四角形とは雰囲気が変わりますね！

裏

26 糸端はそのままにしておきます。細編みの四角形ができました！

Step 4

ガーランドに
仕上げる

これまで編んできた5つのモチーフを糸始末し、つない
でガーランドにしましょう。練習したモチーフをそのま
までも、もう一度違う色で編んで復習してみても……
好みのガーランドに仕上げてください。

使用したもの

［18〜71ページまでで編んだ5つのモチーフ］
パピー「クイーンアニー」
※見本で使った色：ピンク（102）、白（802）、
　チャコール（833）、グレー（976）
かぎ針　7/0号
［モチーフをつなぐひも］
ダルマ「sasawashi」
かぎ針　7/0号

鎖編み　7/0号

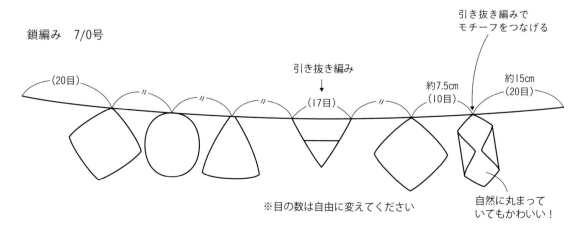

※目の数は自由に変えてください

■ 糸始末をしましょう

糸始末は作品完成前の仕上げ作業。糸端をそのまま短くカットしてしまうと、編み目がほどけてしまう可能性が高くなるので、すべての糸端は編み地の裏側に隠してからカットします。

ここで焦ると使っているうちに糸端がぴょんと出てきたり、最悪のケースだと編み目がほどけることも……。はやる気持ちをおさえて、最後までゆっくり落ち着いて進めましょう。

> 糸始末の目的
> 1 糸端を隠す
> 2 編み目がほどけない
> ようにする
> ※もし穴などが開いて
> いたらついでに補修
> してしまおう！

1 糸端をとじ針に通し、編み地の裏側で編み目の中をくぐらせるように針を入れて引き抜きます。

2 編み地がつれないように糸を引いて糸端を隠したら、残った糸は編み地のギリギリのところで切ります。

ここでは横に3目程度通していますが、糸の素材によっては5目程度にしたり、1〜2目引き返したりすることもあります。糸始末にルールはないので、針を入れる向きも横や縦、斜めやジグザグにからめたりと、糸端がうまく隠れるように作品によって工夫をします。編み地の端で不安な時は、数段分縦に通してから横へ通すなどしてみましょう。

Point

かがりはぎした部分ははぎ合わせたところに通すと表にひびきにくくなります。同じ場所に糸始末すると厚みが出るので、糸端が重なる場合は少しずらしてみましょう。

\ check /

糸をつないだ部分の糸始末
途中で糸をつないだ場合も同じように糸始末をします。

1　糸を替えた部分は編み目がゆるみやすいので糸を引いて整えてから糸始末をします。2本を交差させた方向に針を入れます。

2　2本の糸を左右に通したところです。残った糸はカットします。

角をきれいに出すコツ

糸始末前に糸端をどの向きに引くと角がきれいに出るか確認をし、1針めはその方向に入れます。

「細編み3目一度」をした三角形の頂点は、1針めを頂点から真下に通し、表を見ながら糸を引いて角を整えます。

■ 引き抜き編みでつなぎます
鎖編みのひもを作りながら、引き抜き編みでモチーフをつないでいきます。

3　端の鎖編みを20目編み、モチーフをつなげます。ひもをつけたい場所の編み目に針を入れて引き抜き編みをします。モチーフのどこにつけてもOKです。

4　モチーフの一辺で取りつけたい場合は、鎖の頭を拾って引き抜き編みをします。モチーフとひものかぎ針の太さを同じにすることで引き抜き編みと編み地の目の大きさが揃います。すべてのモチーフをつけ、最後に鎖編みを20目編んだら目を止めて完成です！

episode

3

使えるものを
作ろう

鎖編みと細編みと長編みだけで、
ふだん使えるものを編んでみましょう。
編み物を楽しんでもらえたらうれしいです！

［作品ページの見方］

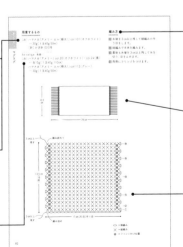

糸

使用糸の名称と使用量、色番号
を示しています。色名はメー
カー表記がない場合は、本書独
自の表記にしています。

針

使用している針の号数。2つあ
る場合は、途中で使い分けてい
るので注意しましょう。

Arrange

色違いや素材の違う毛糸などで
編んだアレンジ作品がある場合
の糸の情報です。

編み方

手順を説明しています。こ
こで作品完成までの大きな
流れをつかみます。

全体図・仕立て図

仕立て方をわかりやすくし
た図です。

編み図・展開図

編み方を図と編み目記号で
示しています。細かい編み
方をここで確認します。

鎖編みの
ブレスレット

超基本の鎖編みもビーズを編み込めば
素敵なアクセサリーに。
金属を思わせるアンティーク調の糸がポイント。

Arrange
フェイクファー糸を
鎖編みしただけ。
簡単なのにステキ!!

糸:Knittingbird「あたかも」
特色:和紙×レーヨンの
　　　やわらかなラメコード
カラー:ゴールド
Arrange
糸:Knittingbird「そっと」
特色:毛足の長いフェイクファー糸
カラー:カーキ

用意するもの

〔糸〕Knittingbird「あたかも」ゴールド … 1g
〔針〕かぎ針2/0号
〔その他〕ビーズ … 6個

Arrange
〔糸〕Knittingbird「そっと」カーキ … 2g
〔針〕かぎ針10/0号

編み方

1 先にビーズを全部糸に通しておきます。
2 ビーズを編み込みながら、鎖編みを編みます。
3 最後の目を止めて糸を切ります。
4 輪にして固結びし、糸端を切り揃えます。

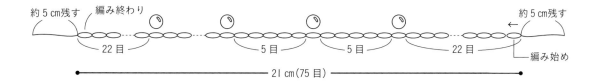

約5cm残す　編み終わり
22目　5目　5目　22目　編み始め
約5cm残す

21cm(75目)

◯ =鎖編み
◯ =ビーズを編み込む

■ 糸にビーズを通します

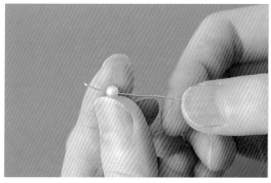

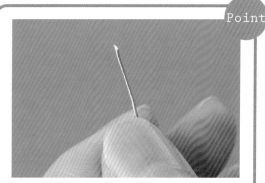

1　先にビーズを全部通します。糸に張りがあるので、糸通しがなくても指だけで通せます。

Point

糸の先が崩れてきて通しにくくなったら糸を少しカットしましょう。斜めに切ると通しやすくなります。

2　6個通したところです。

■ ビーズを編み込みながら鎖編みを22目編みます

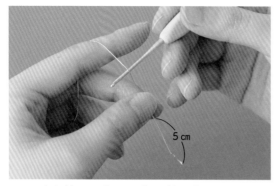

3　糸を約5cm残して、編み始めます。

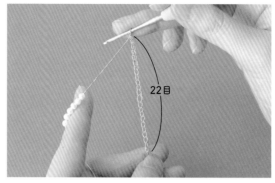

4　鎖編みを22目編みます。もし完成後のサイズが合わなかったら、この鎖編みの数で調整してください。

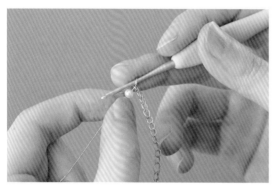

5　ビーズをかぎ針にかかったループに引き寄せます。

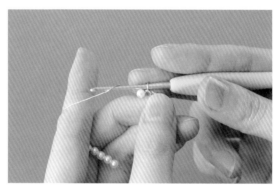

6　右手の中指でビーズを押さえ、鎖編みを1目編みます。

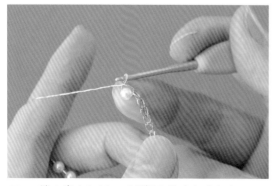

7　鎖の裏山にビーズが編み込まれました。

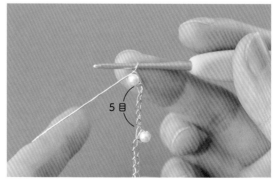

8　次のビーズとの間に鎖編みを5目編みます。これを繰り返し、すべてのビーズを編み込みます。

■ 目を止めて糸を切ります

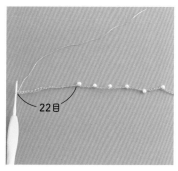

9 最後のビーズを編み込んだら、鎖編みを22目編みます（サイズ調整をした場合は4と同じ目数）。

10 最後の目を止めて糸を切ります。

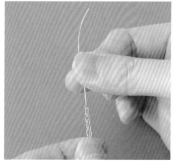

11 糸を引き締めます。

■ 輪にして固結びします

12 輪にして糸端を固結びします。

13 糸端を切り揃えたら完成です。

鎖編みを編む時の手加減をきつくして1目1目の鎖を小さくしたり、ゆるめにして鎖を大きくしたり、編み目のサイズの違いで仕上がりの印象も変わります。いろいろ試してみて、好みの編み目を見つけてください。

Arrange

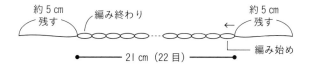

約5cm残す ／ 編み終わり ／ 約5cm残す ／ ← 編み始め

● 21cm（22目）

1 フェイクファーの糸なら鎖編みだけでおしゃれなブレスレットに。

2 糸端は短くカットしても、そのまま垂らしても、いい雰囲気に！

3 糸端を隠すこともできます。その場合は、どこでもよいので針を入れて、糸を引き出します。何回か引き出すときれいに隠れますよ。

マグラグ

マグラグとは、大きめのコースターのこと。
マグカップと一緒にお気に入りのお菓子を
のせて、自分へのごほうびタイム。
細編みをまっすぐ編むだけの
シンプルな編み方なので復習にもぴったり！
ふさふさのフリンジがあると印象がかわりますね。

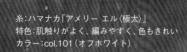

糸：ハマナカ「アメリー エル〈極太〉」
特色：肌触りがよく、編みやすく、色もきれい
カラー：col.101（オフホワイト）

２色の糸を合わせて編めば糸の変化が楽しい
編み地に（写真上）。毛糸の色は好みで選んで
OK！（写真下）。いろいろな素材の糸や色の
組み合わせで編んでみてください。

（上）糸：ハマナカ「アメリー」
　　　特色：並太。弾力があってふくらみのある糸
　　　カラー：col.20（オフホワイト）とcol.24（黒）の引き揃え
（下）色：ハマナカ「アメリー エル〈極太〉」
　　　カラー：col.112（グレー）

用意するもの

［糸］ハマナカ「アメリー エル〈極太〉」col.101（オフホワイト）
　　… 30g（1玉40g 50m）
［針］かぎ針10/0号

Arrange（色違い）

［糸］ハマナカ「アメリー」col.20（オフホワイト）・col.24（黒）
　　… 各15g（1玉40g 110cm）
　　ハマナカ「アメリー エル〈極太〉」col.112（グレー）
　　… 30g（1玉40g 50m）

編み方

1 糸端を3cm以上残して鎖編みの作り目をします。

2 細編みで本体を編みます。

3 最後も糸端を3cm以上残して糸を切り、目を止めます。

4 両側にフリンジをつけます。

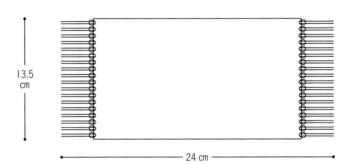

13.5
cm

24 cm

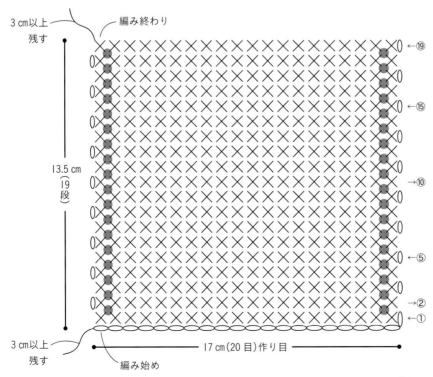

3cm以上
残す

編み終わり

←⑲

←⑮

→⑩

←⑤

→②

←①

13.5cm
（19段）

3cm以上
残す

編み始め

17cm（20目）作り目

◯ ＝鎖編み
✕ ＝細編み
● ＝フリンジ付け位置

■ 鎖編みの作り目を編み、細編みで本体を編みます

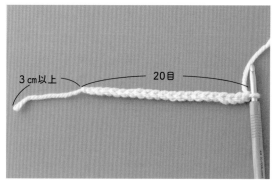

1　糸端を3cm以上残して始め、鎖編みを20目編みます。この糸端は最後にフリンジとして使います。

2　18～23ページの復習も兼ねて、編み図を見ながら19段まで編んでみましょう。

■ 最後の目を止めて終わります

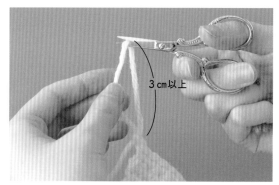

3　最後の目を止めて糸を切ります。糸端は3cm以上残しましょう。

■ 本体の両端に1段ずつフリンジをつけます

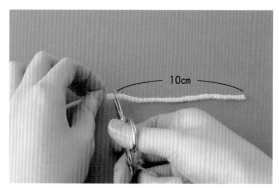

4　糸を10cmの長さにカットし、これを36本用意します。

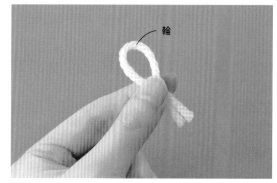

5　糸を二つに折り、左手に持ちます。ここでできる輪にかぎ針を入れるため、真ん中あたりを持ちます。

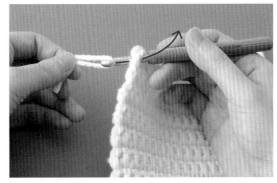

6 左手に糸と本体を持ち、フリンジ付け位置
（端の目の段と段の間）に針を入れます。

7 フリンジの輪に針をかけて引き出します。
フリンジは抜き切らず、輪が鎖1目分くら
い出てきたところで止めます。

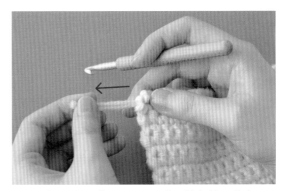

8 2本まとめて糸をかけ、輪の中から引き出
します。1と3の糸端が出ている側は、一緒
に糸をかけて3本まとめて引き出します。

9 糸を引っぱり、フリンジを引き締めます。こ
のようにして、すべてのフリンジをつけま
しょう。

10 フリンジをつけたら糸の真ん中をつまみ、
左右に引いて糸を割きます（これを「糸を割
る」と言います）。すべての糸を割り、ふさ
ふさにしましょう。

11 飛び出ている糸をカットしてフリンジの長
さを揃えたら完成です！

約3cm

複数の糸を一緒に揃えて扱うことを「引き揃え」と言います。今回は異なる色を2本引き揃えてみました。ひとつひとつの編み目をよく見ると、色の出方がランダムに変わるのでおもしろいですよ。お好きな色を組み合わせて楽しんでください。

〔糸〕ハマナカ「アメリー」

※同じサイズのかぎ針で編めるように、「アメリー エル」より細い糸を使いました。

〔針〕かぎ針10/0号

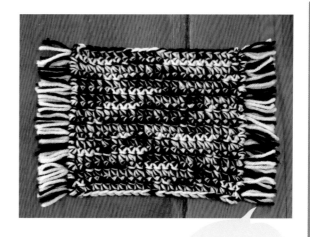

フリンジは割らずにそのままにしてみました。お好みでどうぞ。

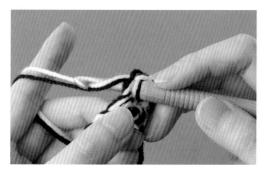

2本揃えて持ち、まとめて編みます。編み方は同じです。

＼ check ／

引き揃えは2本まとめて1本の糸として扱います

目を拾う時、針に糸をかける時は2本の糸を1本の糸として扱い、
拾い忘れ、かけ忘れに気をつけましょう。

  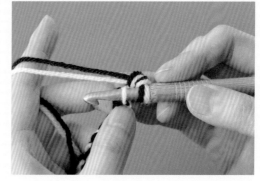

1本かけ忘れた場合。ほどけることはないので気づきにくいですが、このまま次を編むと、かけ忘れた糸がたゆみます。

1本拾い忘れた場合もほどけることはありませんが、編み地に不自然なすじができます。

スマホ
ショルダー
ポーチ

スマホサイズの小さなショルダーポーチ。
細編みと鎖編みを繰り返して編むだけなのに、
美しい編み地がどんどんできて
テンションも上がりますよ。
肩ひもも、鎖編みを2本編むだけの
やさしい作り方です。

糸:ハマナカ「ウォッシュコットン
　　〈クロッシェ〉」
特色:洗濯機で洗えるコットン糸
カラー:col.118（ベージュ）

Arrange
糸の色を替えるだけで
雰囲気がぐっと変わります。

糸：ハマナカ「ウォッシュコットン
〈クロッシェ〉」
カラー：col.130（チャコール）
col.146（ピンク）

用意するもの

［糸］ハマナカ「ウォッシュコットン〈クロッシェ〉」
　　　col.118（ベージュ）… 50g（1玉25g 104m）

［針］かぎ針5/0号

［その他］とじ針No.13くらい
　　　　マーカー

Arrange（色違い）

［糸］col.130（チャコール）
　　　col.146（ピンク）

編み方

1 糸は2本取りで編みます。鎖編みの作り目を
　52目編み、輪にします。

　※**2本取り**　同じ糸を2本まとめて1本とし
　　て編みます。糸は2玉用意し、それぞれから
　　糸端を出して使いましょう。

2 本体を往復で編みます。

3 続けて肩ひもを編みます。

4 本体を中表にして底をはぎ合わせます。

5 糸始末をします。

動画でも
check

動画にポイントを
まとめています！

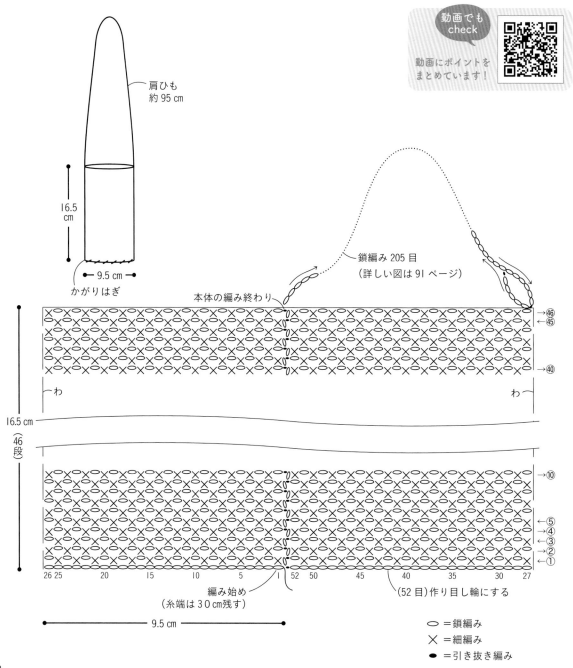

肩ひも
約95cm

16.5
cm

9.5cm

かがりはぎ

本体の編み終わり

鎖編み205目
（詳しい図は91ページ）

わ

わ

→46
←45

→40

16.5cm

（46
段）

→10

←5
→4
←3
→2
①

26 25　　20　　15　　10　　5　　1　52 50　　45　　40　　35　　30　　27

編み始め
（糸端は30cm残す）

（52目）作り目し輪にする

9.5cm

◯ =鎖編み

✕ =細編み

● =引き抜き編み

■ 鎖編みの作り目を編み、輪にします

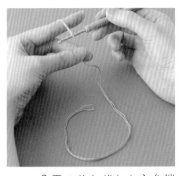

1　2玉のそれぞれから糸端を出し、2本を1本にまとめて左手に糸をかけます。

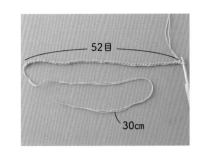

2　仕上げ用に糸端を30cmくらい残して始め、鎖編みを52目編みます。

3　作り目を輪にします。ねじれないように目の向きを整え、鎖編みの表が上を向くように置きます。

4　引き抜き編みをする前に、1目めの裏山にマーカーをつけておきます。

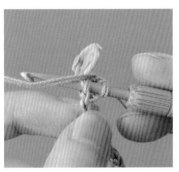

5　1目めの外側半目と裏山に針を入れて引き抜き編みをします。

6　引き抜いたところです。

■ 輪の状態で、1段ごとに編み地を返して往復編みをします

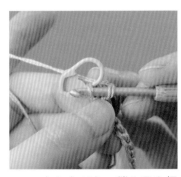

7　立ち上がりの鎖1目を編み、4でマーカーを入れた1目めの裏山に針を入れて細編みを編みます。針を入れたらマーカーをはずしましょう。

8　細編みが1目編めました。

9　鎖編みを1目編みます。

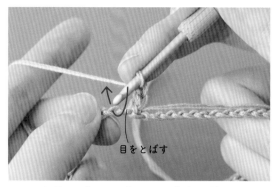

目をとばす

10　1目とばして、次の目の裏山に針を入れて
　　細編みを1目編みます。

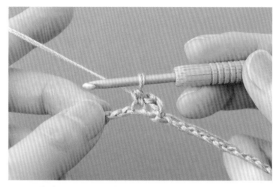

11　細編みが1目編めたところです。9～10を
　　1段めの最後まで繰り返します。

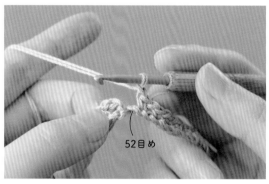

52目め

12　最後は鎖編みを1目編みます。52目めは、
　　とばす目です。

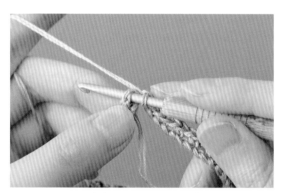

13　1目めの細編みの頭に引き抜き編みをしま
　　す。

14　引き抜き編みが編めました。引き抜き編み
　　をしたところは他より空間が大きくなりや
　　すいので少しきつめに編むとよいでしょう。

15　編み地を返して2段めに進みます。2段め
　　は本体の裏側を見ながら編む段です。

16　立ち上がりの鎖1目を編み、細編みを1目編みます。2段め以降の細編みは前段の鎖1目の空間に針を入れて編みます(束に拾う)。

17　束に拾う細編みが編めました。「鎖編みを1目、1目とばして細編みを1目」を繰り返します。

18　段の最後は1目めに引き抜き編みをして、編み地を返して次の段に進みます。46段まで繰り返しましょう。

■ 肩ひもを編みます

本体を46段編んだら、そのまま続けて肩ひもを鎖編みで2本編みます。2本めは1本めをまとめながら編みます。

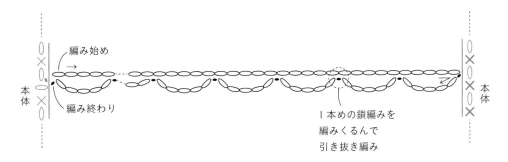

編み始め

編み終わり

本体

本体

1本めの鎖編みを
編みくるんで
引き抜き編み

19　46段めまで編んだら、編み地を返して本体の表側が見えるようにします。

20　肩ひもの1本めは鎖編みを205目編みます。

21　205目編むと約95cmになります。長さを調整する場合は、5目単位で増減してください。

22 本体を折りたたんだ時の折り山にある鎖1目を束に拾って引き抜き編みをします。

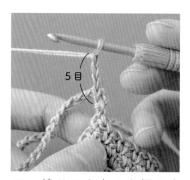

23 続けて2本めを編みます。鎖編みを5目編んだら、1本めをくるみながら引き抜き編みをしていきます。

24 1本めの鎖編みを左手に持ち、矢印のように針を動かして糸をかけ、引き抜き編みをします。「鎖編み5目、引き抜き編み」を繰り返します。

25 最後の引き抜き編みは、本体の鎖1目を束に拾います。

26 肩ひもが編めました。目を止めて、糸始末分（7〜8cmくらい）を残して糸を切ります。

Point

肩ひもの目数

鎖編みが205目でなくても、1本めと2本めの目数が合わなくても、
好みの長さになっていればOKです。

たるむ

ならす

2本めはたるみやすいので、ならしながら編んでいきましょう。ほどよいたるみはスカラップ模様のようでかわいいですが、たるみ過ぎると肩ひも全体の長さが短くなるので、糸を切る前に長さを確認してみましょう。

■ はぎ合わせます

27 裏返して中表にします。

28 編み始めに残しておいた糸端をとじ針に通して、底をかがりはぎします(56ページ参照)。この作品では内側の半目を拾います。

29 端までかがります。

■ 糸始末をします

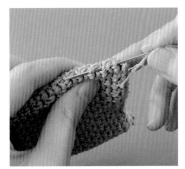

30 本体の裏側で糸始末をします。縦方向に針を通すと目立ちにくいです。

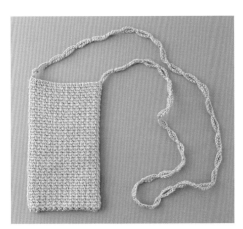

31 完成です!

トラブルシューティング

ねじれを防止するには

1 作り目を輪にするときにねじれていると、写真のように本体もねじれます。

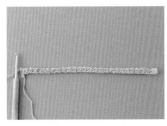

2 何度チャレンジしてもねじれてしまう場合は、1段めを編んでから、輪にするとよいでしょう。

3 1目めの細編みの頭に引き抜き編みをして輪にします。作り目にできる隙間は、底をはぎ合わせる時につなげればOKです。

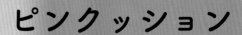

ピンクッション

細編みで作った球体に糸を巻きつけた
毛糸玉のピンクッション。
基本的な編み方だけで立体に挑戦しましょう。
土台には和紙の糸を使い、かごのような仕上がりに。

土台　糸:DARUMA「sasawashi」
　　　特色:くま笹を原料にした和紙の糸
　　　カラー:ナチュラル(1)

クッション　糸:ハマナカ「アメリー エル〈極太〉」
　　　　　　特色:空気を多く含んだ糸で、暖かくて軽い仕上がりに
　　　　　　カラー:col.101(オフホワイト)

用意するもの

土台　〔糸〕DARUMA「sasawashi」ナチュラル(1)
　　　　　　… 5g(1玉25g 48m)
　　　〔針〕かぎ針5/0号

クッション　〔糸〕ハマナカ「アメリー エル〈極太〉」
　　　　　　col.101(オフホワイト)
　　　　　　… 15g(1玉40g 50m)
　　　〔針〕かぎ針10/0号

編み方

1️⃣ 土台の底を編みます。
2️⃣ 土台の側面を編みます。
3️⃣ クッションの中身の球体を編みます。
4️⃣ クッションの外側に糸を巻きつけて、毛糸玉にします。
5️⃣ 土台の中にクッションを入れます。

動画でも check

動画にポイントをまとめています！

＜土台＞

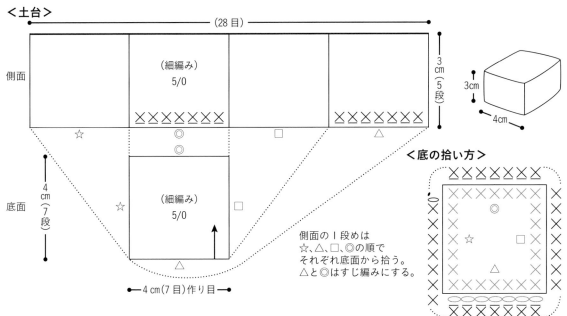

側面の1段めは
☆、△、□、◎の順で
それぞれ底面から拾う。
△と◎はすじ編みにする。

＜底の拾い方＞

＜クッション＞

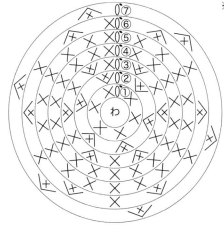

※展開図のため、円が大きくなっていますが、6〜7段めは減らし目をしています。

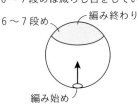

6〜7段め　編み終わり

編み始め

◯ = 鎖編み
✕ = 細編み
✕ = 細編みのすじ編み
• = 引き抜き編み
✓✓ = 細編み2目編み入れる
△ = 細編み2目一度

＜仕上げ方＞

余り糸などを詰める

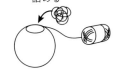

土台から抜けないサイズになるまで糸を巻く

土台に入れる

以下は、上の編み図を目数・段数だけの表にしたものです。

下から上に見ていきます

段数	目数	増減	
7	6目	−6目	…「△」(2目が1目に減る)を6回するため計6目
6	12目	−6目	…「✕・△」(3目が2目に減る)を6回するため計12目
5	18目	−	）…増し目なしで1目ずつ編む
4	18目	−	）
3	18目	+6目	…「✕・✓✓」(2目が3目に増える)を6回するため計18目
2	12目	+6目	…「✓✓」(1目が2目に増える)を6回するため計12目
1	6目		…1段めは細編み6目でスタート

■ 土台の底を編みます

■ 底の四辺から目を拾い、土台の側面を編みます

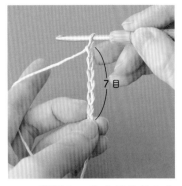

1　鎖編みの作り目7目から編み始めます。

2　細編みで正方形を編みます。細編みの正方形（18〜23ページ）を復習しながら編んでみましょう。

3　立ち上がりの鎖1目を編み、「☆」の辺に細編みを7目編みます。

底の6段めから拾い始める

4　針は端の目の中に入れます。糸1本より2本拾うほうが安定します。

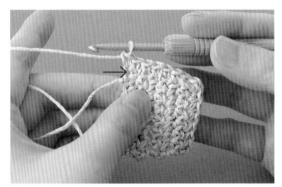

5　「☆」の辺の細編みが7目編めたところです。7目めは作り目の裏山（矢印）に針を入れて編みました。

6　「△」の辺は鎖2本ではなく、奥側半目を拾って細編みを編みます。これを「細編みのすじ編み」と言います。

半目

7　細編みのすじ編みが1目編めたところです。手前の半目が残ります。

8　「△」の辺を7目編めたところです。残った半目が横に並び、すじになります。すじが見えるほうが表側です。

底の1段めから拾い始める

9　「□」の辺は、端の目に細編みを編みます。

10　「□」の辺の細編みが編めたところです。7目めは底の7段め（矢印）に針を入れて編みました。

11　「◎」の辺は6と同じように「細編みのすじ編み」を編みます。

12　側面が1周編めました。次からは輪で編むので、1目めの細編みに引き抜き編みをします。

13　引き抜き編みができました。側面の2段め以降は編み地を返さず、同じ方向に細編みを編みます。

14　5段めまで編み、最後の目を止めて終わります。この作品はチェーンつなぎをしなくても大丈夫です。

15　土台ができました！

■ 球体のクッションを編みます

16 指に巻く輪の作り目をして編み始めます。

17 1段めの細編みを6目編んだら、糸を引き締めます。編み図を見ながら続きを編んでみましょう。

18 増し目をしながら3段めまで編み、目を増やさずに4〜5段めを編むと、編み地が立体になってきます。

■ クッションを毛糸玉にします

19 6〜7段めで減らし目をして編み、最後に引き抜き編みをします。

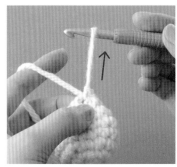

20 針を持ち上げてループを大きくします。

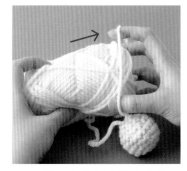

21 残った糸玉が通るくらい大きく広げて糸玉を中から引き出します。

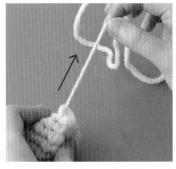

22 目が止まり、糸を引いてもほどけません。

23 中に余り糸を詰めます。他の作品に使った糸でもOK！ 糸始末の際にカットした糸などを利用してください。

24 球体ができあがりました！

25　残った糸を巻きつけます。

26　少しずつ回転して向きを
　　変えながら、編み目が隠
　　れるようにまんべんなく
　　巻きつけます。

27　しばらく巻いたら土台に
　　入れてみて、少しきつめ
　　にはまるところで終わり
　　ます。

28　糸を切ります。

29　糸端を巻いた糸にからめ
　　ます。

30　土台の糸端は中に入れ込
　　みます（糸始末の省略）。

■ 土台にクッションを入れます

31　からめた糸端を下にして
　　土台にはめ込みます。

32　完成です！

バスケット

小物を入れるのに便利なバスケット。
底は規則正しく増し目をして円にします。
側面は、立ち上がりなしで編むので楽ちん。
編めば編むほど上達しそう！
１玉編みきりのちょうどよいサイズです。

糸：sawada itto「Puny」
特色：ポリエステル100％の、軽くて洗える糸
カラー：ライトグレー

Arrange
増し目の規則性を利用すれば2玉使って
サイズを大きくすることもできます。

糸：sawada itto「Puny」
カラー：ライトグレー

お気に入りの色を見つけて
作ってみましょう。

糸：sawada itto「Puny」
カラー：カーキ、モカ

用意するもの

［糸］sawada itto「Puny」ライトグレー
　　　…35g（1玉35g 80.5m）
［針］かぎ針8/0号、10/0号
［その他］とじ針　No.12くらい

Arrange（色違い）
［糸］カーキ、モカ

編み方

1️⃣ 輪の作り目で編み始め、
　底を編みます。

2️⃣ 側面は、立ち上がり無しで、
　1段めのみすじ編みにして、
　2段めからは細編みを編みます。

3️⃣ 折り返し位置で、針を10/0号に変えて編みます。

4️⃣ 最後はチェーンつなぎで段差をなだらかにします。

動画でも check
動画にポイントをまとめています！

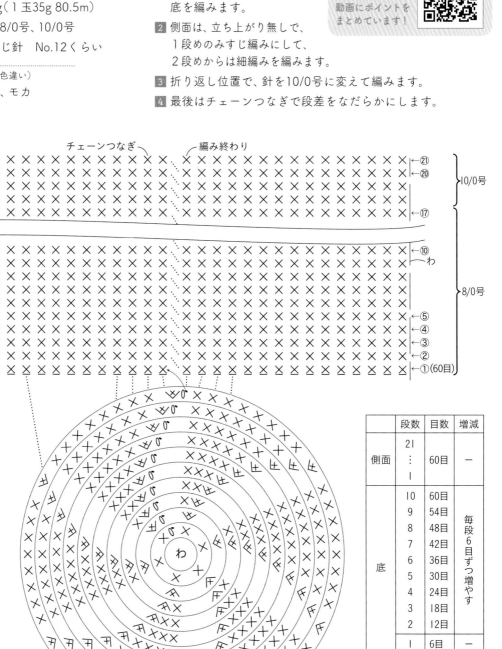

	段数	目数	増減
側面	21 ⋮ 1	60目	—
底	10	60目	毎段6目ずつ増やす
	9	54目	
	8	48目	
	7	42目	
	6	36目	
	5	30目	
	4	24目	
	3	18目	
	2	12目	
	1	6目	—

○ = 鎖編み
✕ = 細編み
✕ = 細編みのすじ編み
• = 引き抜き編み
Ⅴ = 細編み2目編み入れる

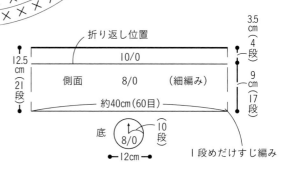

Arrange

サイズを大きくする場合、増やし方の規則性が
つかめれば編み目記号図がなくても編めます。

〔糸〕sawada itto「Puny」ライトグレー
　　　… 70g（1玉35g 80.5m）

編み方

1　底を14段まで編みます。

2　側面（84目）を24段まで編み、25〜30段は
　　針を10/0号に変えて編みます。

Point

底の10段めは「⋎」と「✕ 8目」を6回
を繰り返しますが、段が増えるごとに、細
編みの目数が1目ずつ増えます。
「⋎」と「✕ 8目」は計10目なので、10段め
は1セット10目を6回繰り返す、と考えると
よいでしょう。
11段めは1セット11目、12段めは1セット12
目、というように段数と1セットの目数は同
数になります。

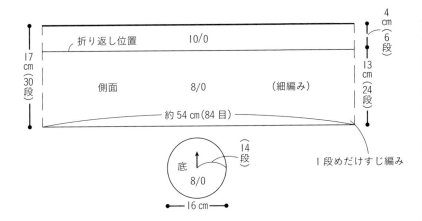

	段数	目数	増減
側面	30 ⋮ 1	84目	－
底	14	84目	毎段6目ずつ増やす
	13	78目	
	12	72目	
	11	66目	
	10	60目	
	9	54目	
	8	48目	
	7	42目	
	6	36目	
	5	30目	
	4	24目	
	3	18目	
	2	12目	
	1	6目	－

■ 底を編みます

1　指に巻く輪の作り目で編み始めます。

2　編み図の通りに増し目をしながら10段めま
　　で編みます。

■ 側面を編みます

3　側面の1段めは、立ち上がりを編まずに2目めから細編みのすじ編みを編みます。引き抜き編みをした1目めは、すじが出にくいのでとばします。

4　奥側半目を拾います。

5　1目編めたところです。手前に半目残ります。1段めを最後まで編みます。

半目

6　59目まで編みました。マーカーの目から59目あるか数えてみましょう。

7　60目めは前段の引き抜き編みの奥側半目を拾います。マーカーをつけた目が1目めなので、引き抜き編みはその手前です。

Point

1目めの頭にマーカーを入れておきましょう。

8　側面の1段めが編み終わりました。

Point　側面の1段めをすじ編みにすることで、底から側面がきれいに立ち上がります。

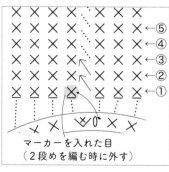

×××××××←⑤
×××××××←④
×××××××←③
×××××××←②
×××××××←①
マーカーを入れた目
（2段めを編む時に外す）

9　2段めはマーカーを入れた目から始めます。立ち上がりを編まずに細編みを60目編み、3段め以降も同じようにします。

10　17段めまで編んだところです。

Point　立ち上がりをしないことで段の境目もなくなります。どこまでが17段めかわかりにくいですが、だいたいのところで止めてOKです。

11　18〜21段めは針を10/0号に変えて編みます。8/0号の針を抜き、編み目の向きに気をつけて10/0号の針を入れましょう。

12　21段めまで編めたところです。ここもだいたいのところで止めてOKです。

13　糸端を約10cm残してカットし、針を引き上げて糸を引き抜きます。

Point　針を10/0号に変えると目が大きくなり、口が少し広がります。最後の4段は折り返しの厚みを考慮し、針を2号太くしました。

14　とじ針に通し、1目とばした次の目に手前から針を入れ、向こう側に出します。

15　糸が出ているところに針を入れ、手前に出します。

Point　最後の4段は折り返すため、編み地の表裏が逆になります。チェーンつなぎが裏で終われるよう、とじ針を入れる向きは65ページとは逆にしています。編み終わりの糸始末も折り返して見えなくなる側で行います。

16　糸を引いて、他の目と同じ大きさに整えます。

17　チェーンつなぎができました。1目とばしてチェーンつなぎをすると、段差がなだらかになります。

18　糸始末をしたら、4段分を外側へ折って、完成です！

三角ショール

右端だけの増し目で
斜めのラインを作る三角形のショールです。
三角形のまま編み進められるので、
途中で止めたり、もっと大きくしたり
好みのサイズに変えられます。
今までの総復習をしながら、
楽しく編んでくださいね。

糸：パピー「NEW 4 PLY」／特色：ウール100％で編みやすい／カラー：col.463（ラベンダー）

用意するもの

［糸］パピー「NEW4PLY」
　　col.463（ラベンダー）
　　…100g（1玉40g 150m）
［針］かぎ針8/0号
［その他］とじ針No.15くらい

編み方

1　鎖編みの作り目2目から編み始め、
　増し目をしながら5段めまで編みます。

2　6段めから9段めを1模様として、
　65段まで繰り返して編みます。

3　糸始末をします。

動画でも
check

動画にポイントを
まとめています！

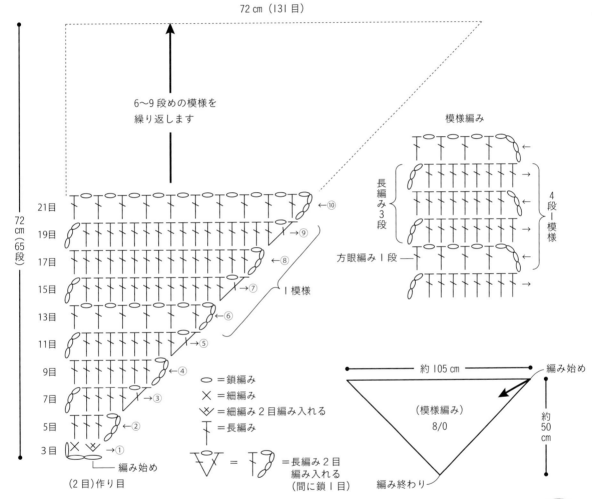

72 cm（131目）

6～9段めの模様を
繰り返します

72
cm
（65
段）

模様編み

長編み
3段

方眼編み1段

4段ー
模様

21目
19目　→⑨
17目　←⑧
15目　→⑦
13目　←⑥　1模様
11目　→⑤
9目　→④
7目　→③
5目　←②
3目　→①

←⑩

編み始め
（2目）作り目

○＝鎖編み
✕＝細編み
Ⅴ＝細編み2目編み入れる
╤＝長編み

╤Ⅴ ＝ ╤╤○ ＝長編み2目
編み入れる
（間に鎖1目）

約105 cm　　編み始め

（模様編み）
8/0

約
50
cm

編み終わり

Point

1 右端で増し目、左端はまっすぐ編みます

その段の1目めと最後の目が、
ショールの左右どちら側にくるか
確認しながら編みましょう。

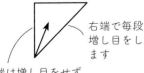

右端で毎段
増し目をし
ます

左端は増し目をせず、
まっすぐ編みます

2 右端の増し目の編み方

①立ち上がり鎖3目
②鎖編み1目
③1目めに長編み1目

①最後の目に長編み1目
②鎖編み1目
③最後の目に
　もう1回長編み

前段の1目に3目分編み入れたこと
になり、これで2目増やせます。

3 長編みの拾い方

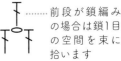

前段が長編み
（立ち上がり含
む）の場合は頭
2本を拾います

前段が鎖編み
の場合は鎖1目
の空間を束に
拾います

■ 作り目〜5段めまで編みます

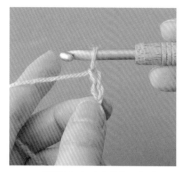

1 鎖編みを2目編みます。

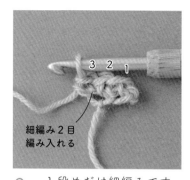

細編み2目
編み入れる

2 1段めだけ細編みです。
2目め（ショールの右端）
で1目増やします。

3 2段めに進み、立ち上が
りの鎖3目を編みます。
ここはショールの右端に
なるので2目増やします。

4 鎖編みをもう1目編みま
す。ここで1目増えたこ
とになります。

5 1目めに長編みを編みま
す。ここで2目増えたこ
とになります。

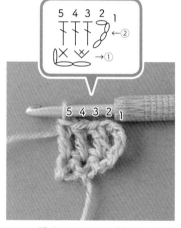

6 残りの2目は増し目をせ
ず、長編みを編みます。2
段めが計5目になりまし
た。

7 3段めの立ち上がりは
ショールの左端なので増
し目をせず、1目ずつ長
編みを編みます。4目め
は前段の鎖1目を束に
拾って編みます。

8 5目めはショールの右端
なので2目増やします。
まず、前段の立ち上がり
の半目と裏山に長編みを
1目編みます。

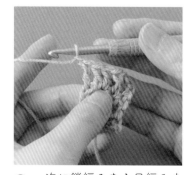

9 次に鎖編みを1目編みま
す。ここで1目増えまし
た。

10 8と同じところに長編み をもう1目編みます。こ れで2目増えました。

11 4段めは、2段めと同様 に、1目めで2目増やし ます。

12 5段めは、3段めと同様 に最後の目で2目増やし ます。このように右端の 増し目を最後の段まで繰 り返します。

■ 6段めから模様編みをします
（方眼編み1段＋長編み3段の繰り返し）

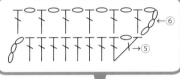

13 6段めは、右端の増し目を してから方眼編みに入り ます。前段を1目ずつとば しながら、鎖1目と長編み 1目を交互に編みます。

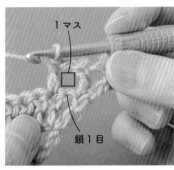

1マス

鎖1目

14 1マスめでとばすのは前 段の鎖1目です。見逃し やすいので気をつけま しょう。

15 6段めが編めました。

16 7段めは長編みだけの段 ですが、前段の鎖1目は 束に拾って編みます。

17 長編み3段を編んだら、 方眼編み1段を繰り返し ます。好みのサイズに合 わせて総段数は自由に調 整OKです。

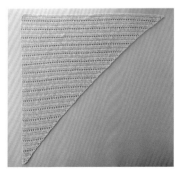

18 最後まで編めたら目を止 めて終わります。編み目 の足元で糸始末をしたら 完成です！

編み物 質問箱

Q. 途中で間違いに気づいてしまいました。
最初からやり直さないとダメでしょうか？

A. それがどんな間違いで、何を編んでいて、どのくらい時間と体力があるかなどで色々な考え方ができると思いますが、私は間違いに気づいたとき、「間違ったところまでほどいてやり直す」「全部ほどいてやり直す」「気にしないで進む」の３つの選択肢を思いつきます。

たくさんの時間とエネルギーを注いで編んでいたものをほどくのは悲しいです。なるべくならほどかないで済む方法、ほどいたとしても最小限で済む方法を選びたいです。

ただ、間違ったところからスルスルほどけてしまうような場合は「ほどいてやり直す」一択ですね！　ほどけはしないけど、その間違いのせいでこの先に面倒な修正が必要になる場合も、やり直した方が結果的に早いかな？と思います。

でももし、作品を完成させるのに大きく影響しない間違いの場合は、その時の状況や気分によっては、見なかったことにする事もあったり、なかったり。

すぐ気づいた時は戻ってやり直しますが、もう完成間近なのに最初の方の間違いに気づいてしまったら、あまりのショックで一旦現実逃避！　しばらくしたら「ほどくか？　気にせず進むか？」で葛藤しますね。

もしそこが最後の仕上げで見えなくなる場所なら直さない可能性が高いです。と言いつつ、自分用じゃなくて誰かの目に触れる作品だったらほどいてやり直すかもしれません。

大前提として、編み物を楽しむことが大事だと思っています。ほどいてやり直すかどうかは「自分が気になるか？　気にならないか？」で決めてよいと思いますので、自分の心に問いかけてみてください。

「目立たないからこのまま行っちゃえ〜！」もよし。「間違ったままじゃ気になって夜も眠れない！」なら思いきってほどきましょう！

少し話は逸れますが、そもそもほどけるっていいですよね。間違ったとしても、やり直しはいくらでもできます。間違いを恐れずジャンジャン編んでいただきたいですね。

Q. ほどいた糸をもう１回使ってもいい？
そのまま使っても大丈夫でしょうか？

A. 編み物のよいところは、ほどいて毛糸を再利用できることもあると思います。

編んでから時間が経った作品や、スチームアイロン等の仕上げをした後の作品をほどくと、毛糸がちぢれ麺のようになります。

ちぢれ麺のまま編むと編み目がきれいに出ないので（気にならない人はそのままでもいいのですが）、私はストレート麺に戻してから編むことをオススメしています。

その時はスチームアイロンを使って１本ずつ伸ばします。ただ、量が多い時はなかなかの重労働……。その場合は、ちぢれ麺の束に蒸気を当てるだけでも縮れが弱まるので、それでよしとすることもあります。

ストローの紙袋をクシャクシャにしたものに水を垂らした時のように、ニョキニョキっと糸が伸びてくるので、それを一度見てみるのもおもしろいかもしれません。

もし、スチームアイロン以外でストレートに戻す方法を編み出した場合はそれを採用してOK！　どんな方法でもストレートにできれば編み目もきれいになりますし編みやすいと思います。

INDEX テクニック索引

※この本で最初に出てくるページを示しています

あ	新しい糸に替える	40
	編み図	38
	編み地	7
	編み途中で休む時は	41
	編み始めの輪を作る	13
	編み目の構造	37
	編み目の高さ	37
	編み目記号	37
	糸始末をする	73
	糸玉から結び目が出てきたら	41
	糸端を出す	11
	糸を手にかける	12
	裏山	15
	裏山を拾う	19
か	かがりはぎ	56
	かぎ針を持つ	12
	鎖編み	13
	鎖編みの構造	15
	鎖の拾い方3種類	20
	鎖を輪にした作り目	66
	細編み	18
	細編み3目一度	46
	細編みのすじ編み	96
	細編み2目一度	46
	細編み2目編み入れる	42
さ	最後の目を止めて終わる	25

た	台の目	28
	立ち上がりの目	7
	立ち上がりの鎖を編む	19
	段	7
	チェーンつなぎ	65
	作り目	7
	とじ針に糸を通す	55
な	長編み	27
	長編み＋鎖編みの方眼編み	39
	長編み2目編み入れる	52
	2本取りで編む	88
は	半目	15
	半目と裏山を拾う	20
	半目を拾う	20
	1目	15
	引き揃え	85
	引き抜き編み	61
	引き抜き編みでつなぐ	74
	ビーズを編み込む	78
	フリンジをつける	83
	減らし目	42
ま	増し目	42
	目	7
や	よね編み	39
わ	輪の作り目	58

編み上がったものの仕上げ方

スチームアイロンをかけるもの、水通しするもの、仕上げなしでそのまま使うもの、作品によって様々です。この本に登場する作品にはスチームアイロンをかけてみました。スチームアイロンをかけると編み地が落ち着いてきれいに仕上がりますし、多少のサイズ調整もできます。ただ、アイロンを省略してもよかったかな？と思うくらい、変化がなかった作品もありました。完成してそのまま使えそうだったら、仕上げなしで使ってもいいと思います。
仕上げ方の正解はひとつじゃないと思っています。作品の違いだけでなく、使う糸の素材によっても最適な仕上げ方法が変わりますので、ぜひいろんな作品を編んで経験してみてください。

Profile

TORIDE de Knit　イデガミ アイ

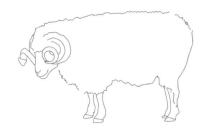

茨城県取手市出身。編み物の箸休めは編み物というほど編み物が好き。編み物のすそ野を広げるというコンセプトのもと、未経験者・経験者に合わせた魅力的な作品づくりをして、ワークショップなどを展開している。日本手芸普及協会 手編み師範。

■インスタグラムアカウント
https://www.instagram.com/toride.de.knit/

Staff

撮　影　シロクマフォート
デザイン　ウエイド（土屋裕子）
編み図トレース　ウエイド手芸制作部（関和之、森崎達也、田村浩子）
編集・進行　田口香代　大野雅代
制　作　スタンダードスタジオ
企　画　永沢真琴
モデル　おにょ

TORIDE de Knitの読む編みもの教室
はじめてでも編めるかぎ針編みの教科書

2021年10月20日　初版第1刷発行

著　者　イデガミ アイ
発行人　廣瀬和二
発行所　株式会社日東書院本社
　　　　〒113-0033
　　　　東京都文京区本郷1-33-13 春日町ビル5F
　　　　TEL:03-5931-5930（代表）　FAX:03-6386-3087（販売部）
　　　　URL:http://www.TG-NET.co.jp
印刷・製本　図書印刷株式会社

読者の皆様へ
● 本書の内容に関するお問い合わせは、お手紙かメール（info@TG-NET.co. jp）にて承ります。恐縮ですが、お電話での問い合わせはご遠慮くださいますようお願い致します。
● 定価はカバーに記載してあります。本書を出版物およびインターネットで無断複製（コピー）することは、著作権法上での例外を除き、著作者、出版社の権利侵害となります。
● 乱丁・落丁はお取替え致します。小社販売部までご連絡ください。

本書内に使われているQRコードは（株）デンソーウェーブの登録商標です。

かぎ針編みの編み方動画

本書で編んだ編み方や編み地、作品の編み方ポイントなどを動画で見ることができます。
動画再生できるパソコンやスマートフォン、タブレットなどでWebブラウザにURLを
直接入力するか、QRコードリーダーでQRコードを読み込んで再生してください。

鎖編み (P.13)

http://moviebooks.info/nittoamimono/1_
kagi_kusari.mp4

編み目の向き (P.16)

http://moviebooks.info/nittoamimono/2_
kagi_menomuki.mp4

細編みの正方形 (P.18)

http://moviebooks.info/nittoamimono/3_
kagi_koma square.mp4

長編みの正方形 (P.27)

http://moviebooks.info/nittoamimono/4_
kagi_nagasquare.mp4

細編み2目編み入れる (P.43)

http://moviebooks.info/nittoamimono/5_
kagi_2koma.mp4

細編み2目一度 (P.47)

http://moviebooks.info/nittoamimono/6_
kagi_koma2tog.mp4

細編み3目一度 (P.49)

http://moviebooks.info/nittoamimono/7_
kagi_koma3tog.mp4

長編み2目編み入れる (P.53)

http://moviebooks.info/nittoamimono/8_
kagi_2naga.mp4

かがりはぎ (P.55)

http://moviebooks.info/nittoamimono/9_
kagi_whipstitch.mp4

輪の作り目で編む
細編みの円 (P.58)

http://moviebooks.info/
nittoamimono/10_kagi_waCOkoma
en.mp4

鎖を輪にした作り目で編む
四角形 (P.66)

http://moviebooks.info/
nittoamimono/11_kagi_waCOkoma
square.mp4

糸始末 (P.73)

http://moviebooks.info/
nittoamimono/12_kagi_itoshimatsu.mp4

「スマホショルダーポーチ」
ポイント解説 (P.86)

http://moviebooks.info/
nittoamimono/13_kagi_point_
mobilephonepouch.mp4

「ピンクッション」
ポイント解説 (P.94)

http://moviebooks.info/
nittoamimono/14_kagi_point_pincushion.
mp4

「バスケット」
ポイント解説 (P.100)

http://moviebooks.info/
nittoamimono/15_kagi_point_basket.mp4

「三角ショール」
ポイント解説 (P.106)

http://moviebooks.info/
nittoamimono/16_kagi_point_shawl.mp4